Н.Б. Битехтина
Л.В. Фролкина

ПРОСТАЯ ИСТОРИЯ

Пособие по развитию речи
для иностранцев, изучающих русский язык

МОСКВА
2008

УДК 808.2(075.8)-054.6
ББК 81.2 Рус-923
Б66

Б66 Битехтина, Н.Б.
Простая история. Пособие по развитию речи для иностранцев, изучающих русский язык / Н.Б. Битехтина, Л.В. Фролкина — М.: Русский язык. Курсы, 2008 — 128 с., илл.

ISBN 978-5-88337-176-8

Учебное пособие построено на основе сквозного сюжета, представленного преимущественно в виде диалогов. Книга состоит из шести частей, каждая из которых помимо текста содержит систему упражнений, нацеленных, прежде всего, на развитие навыков устной речи. В пособии при работе с учебным материалом реализуется принцип интерактивности.

Пособие ориентировано в первую очередь на краткосрочный курс обучения (приблизительно 40 часов).

ISBN 978-5-88337-176-8

© Издательство «Русский язык». Курсы, 2008
© Битехтина Н.Б., Фролкина Л.В., 2008

Репродуцирование(воспроизведение) данного издания любым способом без договора с издательством запрещается.

Содержание

Часть 1
Знакомьтесь: Архиповы .... с. 5

Задания 8
Ключи 21

Часть 2
Мы едем в Петербург .... с. 23

Задания 28
Ключи 41

Часть 3
Люди встречаются… .... с. 43

Задания 49
Ключи 62

Часть 4
Наши увлечения.
На концерте в филармонии ..... с. 64

Задания 68
Ключи 80

Часть 5
Санкт-Петербург. Не только достопримечательности… ...... с. 82

Задания 87
Ключи 102

Часть 6
Поздравляем с днём рождения! .... с. 103

Задания 109
Ключи 124

Предисловие

Дорогие друзья!

Если вы держите в руках эту книгу — значит, вы уже изучаете русский язык и знакомы с основами русской грамматики. И мы надеемся, что вам это нравится. Чтобы ваши занятия русским языком были интересными и весёлыми, мы написали для вас очень простую «Простую историю».

Герои «Простой истории» — молодые и не очень молодые люди, некоторые из них иностранцы — попадают в различные интересные, с нашей точки зрения, ситуации в Москве и в Петербурге, в поезде и на вокзале, в театре и в кафе, в гостях... Надеемся, что знакомство с нашими героями будет для вас полезным и приятным и поможет вам лучше узнать Россию, русский язык и русскую культуру.

Наша история похожа на рассказ, но на самом деле это учебник русского языка. Читая и слушая «Простую историю», вы научитесь лучше понимать русскую разговорную речь и узнаете, как русские люди ведут себя в разных жизненных обстоятельствах. Чтобы и вы могли свободно чувствовать себя в подобных ситуациях во время своего пребывания в России, мы предлагаем вам выполнить разнообразные задания.

Как в любом учебнике, задания с каждым шагом становятся немного сложнее. Некоторый материал повторяется (чтобы вы лучше его запомнили, усвоили), но мы советуем вам выполнять все упражнения, потому что в них вы будете находить дополнительную информацию о наших героях, а без этой информации ваше представление о героях «Простой истории» — их отношениях, увлечениях, характерах — будет неполным. Кроме того, выполняя задания, вы повторите русскую грамматику в речи, узнаете много новых слов и конструкций, расширите свои представления о русской культуре.

Вопросы, которые мы задаём вам, иногда простые: они помогают проверить, насколько внимательно вы читали текст. А иногда эти вопросы могут заставить вас задуматься о себе, о своих друзьях, о жизни, о мире.

Надеемся, что наше совместное путешествие по страницам «Простой истории» будет полезным и увлекательным. Желаем вам успеха!

Авторы

Условные обозначения

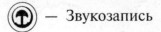 — Звукозапись   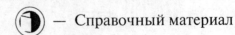 — Справочный материал

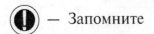 — Запомните   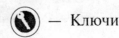 — Ключи

ЧАСТЬ 1

ЗНАКО́МЬТЕСЬ: АРХИ́ПОВЫ

Дороги́е друзья́, мы хоти́м познако́мить вас с геро́ем на́шей исто́рии. Его́ зову́т Константи́н Па́влович Архи́пов.

Ро́дственники и друзья́ называ́ют его́ Ко́стя. Ко́стя Архи́пов живёт в Москве́ на у́лице Строи́телей, в до́ме 25, в кварти́ре 10. Он из большо́й семьи́. Его́ ма́ма, Мари́я Ива́новна, сейча́с на пе́нсии, ей 58 лет. Ра́ньше она́ рабо́тала учи́тельницей в шко́ле.

Её муж, Ко́стин па́па, Па́вел Петро́вич — гла́вный инжене́р заво́да. Они́ с жено́й рове́сники.

У них че́тверо дете́й. У Ко́сти два ста́рших бра́та, Алекса́ндр и Михаи́л, и мла́дшая сестра́ Еле́на. Бра́тья, Са́ша и Ми́ша — близнецы́. Они́ на пять лет ста́рше Ко́сти. О́ба жена́ты и живу́т отде́льно от роди́телей. Са́ша — врач-хиру́рг. Он рабо́тает в де́тской больни́це.

Недавно у Саши родился сын. Его назвали Павликом в честь дедушки. Сейчас Павлику два месяца.

Миша работает фотографом: снимает фотомоделей для журналов. Он женат. У него есть дочь Маша. Ей уже 15 лет. Она учится в девятом классе.

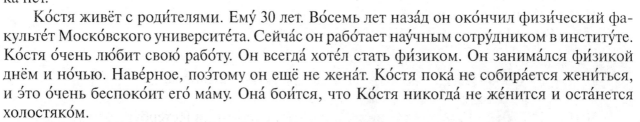

Сестра Лена моложе Кости на 10 лет. Она студентка. Учится в университете на юридическом факультете.

В прошлом году она вышла замуж за своего однокурсника Николая Егорова. Детей у них пока нет.

Костя живёт с родителями. Ему 30 лет. Восемь лет назад он окончил физический факультет Московского университета. Сейчас он работает научным сотрудником в институте. Костя очень любит свою работу. Он всегда хотел стать физиком. Он занимался физикой днём и ночью. Наверное, поэтому он ещё не женат. Костя пока не собирается жениться, и это очень беспокоит его маму. Она боится, что Костя никогда не женится и останется холостяком.

Обычно Костя возвращается с работы поздно, но сегодня он вернулся с работы рано.

(Костя дома. Он обедает и разговаривает с мамой.)

Мария Ивановна: Костя, звонил Боря, твой одноклассник. Сказал, что он собирается жениться на очень милой девушке.

Костя: Я очень рад за него.

М.И.: Я тоже. В вашем возрасте уже надо думать о семье.

Костя: Мама, а где молоко?

М.И.: Вот. А сын нашей соседки в прошлом году развёлся со своей женой, а теперь опять решил на ней жениться.

Костя: Очень хорошо.

М.И.: А Миша женился на Тамаре, когда ему было 19 лет.

Костя: Прекрасно.

М.И.: И Леночка, моложе тебя намного, а уже замужем.

Костя: Мама, передай, пожалуйста, хлеб.

М.И.: А ты? Ты когда женишься?

Костя: Спасибо, мамочка, всё было очень вкусно.

М.И.: Правильно люди говорят: «В 20 лет ума нет — и не будет, в 30 лет жены нет — и не будет, в 40 лет денег нет — и не будет». Тебе уже 30 лет! Пора!

Костя: Действительно, пора. Пора ехать на вокзал за билетом. Мама, я сегодня уезжаю в командировку в Петербург.

М.И.: В Петербург? Очень хорошо! Там надо будет зайти к Ирине Михайловне. Кстати, помнишь её дочь Анечку? Красавица! Она ещё не замужем. Передашь им от меня привет и посы́лку. И́ра проси́ла присла́ть ей одну́ вещь. Э́то о́чень сро́чно и о́чень ва́жно. Переда́шь?

Ко́стя: Коне́чно, переда́м.
М.И.: Позвони́ им сра́зу. Тебе́ ну́жно обяза́тельно уви́деть Анечку.
Ко́стя: Ма́ма, ты опя́ть хо́чешь меня́ жени́ть?
М.И.: Нет-нет, что ты! Ну, иди́ за биле́том.

(*Ко́стя уе́хал на вокза́л. Мари́я Ива́новна звони́т по телефо́ну.*)

А́ня: Алло́!
М.И.: Алло́, Анечка? Э́то тётя Ма́ша из Москвы́.
А́ня: Здра́вствуйте, тётя Ма́ша.
М.И.: Анечка, ма́ма до́ма?
А́ня: Да, до́ма.
М.И.: Позови́ её, пожа́луйста.
А́ня: Одну́ мину́точку, сейча́с позову́.

Ири́на Миха́йловна: Я слу́шаю.
Мари́я Ива́новна: И́ра, здра́вствуй! Э́то Ма́ша Архи́пова.
И.М.: Здра́вствуй, Ма́шенька! Как дела́?
М.И.: И́рочка! Мой Ко́стя собира́ется в командиро́вку в Петербу́рг. Уезжа́ет сего́дня ве́чером. Я ему́ сказа́ла, что он до́лжен переда́ть тебе́ посы́лку.
И.М.: Ма́ша, ты, наве́рное, забы́ла, что я за́втра прие́ду к тебе́ в Москву́?
М.И.: Нет, не забы́ла, коне́чно. Но я хочу́, что́бы Ко́стя познако́мился с Анечкой.
И.М.: А, вот в чём де́ло... Замеча́тельная иде́я!
М.И.: Ты Анечке ничего́ не говори́. Пусть бу́дет сюрпри́з. Хорошо́?
И.М.: Ла́дно.
М.И.: Ну, за́втра мы тебя́ ждём. До свида́ния. Поцелу́й Анечку.
И.М.: Хорошо́. До встре́чи, Ма́шенька.

(*Мари́я Ива́новна звони́т на заво́д Па́влу Петро́вичу.*)

Секрета́рь Па́вла Петро́вича: Алло́! Приёмная гла́вного инжене́ра.
Мари́я Ива́новна: До́брый день.
Секрета́рь: Здра́вствуйте.
М.И.: Попроси́те, пожа́луйста, Па́вла Петро́вича. Скажи́те, что звони́т супру́га.
Секрета́рь: Одну́ мину́тку.

Па́вел Петро́вич: Я слу́шаю.
Мари́я Ива́новна: Па́шенька, э́то я. Ты зна́ешь, Ко́стя сего́дня уезжа́ет в Петербу́рг. Я хочу́, что́бы он зашёл в И́ре Ивано́вой, познако́мился с Анечкой и...
П.П.: Ма́ша, извини́, пожа́луйста, но у меня́ сейча́с начнётся ва́жное совеща́ние. Я ве́чером приду́ домо́й, и ты мне всё расска́жешь. Договори́лись?
М.И.: Хорошо́. Приходи́ скоре́е. Целу́ю тебя́.
П.П.: До свида́ния.

(Ко́стя прие́хал на вокза́л, что́бы купи́ть биле́т. Он подошёл к ка́ссе и обрати́лся к касси́ру.)

Ко́стя: Пожа́луйста, оди́н биле́т до Петербу́рга на сего́дня.
Касси́р: Како́й по́езд?
Ко́стя: Седьмо́й.
Касси́р: Купе́ и́ли плацка́ртный?
Ко́стя: Купе́.
Касси́р: Пожа́луйста. Вот ваш биле́т. С вас 1370 рубле́й.
Ко́стя: Спаси́бо.

(Ко́стя звони́т бра́ту по моби́льному телефо́ну.)

Брат: Да.
Ко́стя: Приве́т, э́то Ко́стя.
Брат: Приве́т, ты где?
Ко́стя: Я на вокза́ле. Купи́л биле́т. По́езд в 23.50. Сейча́с зае́ду к тебе́ за фотоаппара́том.
Брат: Отли́чно, жду тебя́.
Ко́стя: Пока́.
Брат: Пока́.

(Ко́стя пое́хал к бра́ту.)

ЗАДАНИЯ

I

1. Вы познако́мились с Ко́стей Архи́повым.
   - Вспо́мните, где он живёт?
   - Кто он по профе́ссии?
   - Где и кем рабо́тает?
   - Ско́лько ему́ лет?
   - Жена́т он и́ли хо́лост?

2. Расскажи́те, что вы зна́ете о Ко́стиной семье́.

II

1. Напиши́те по́лные имена́ Ко́стиных роди́телей, бра́тьев и сестры́, племя́нника и племя́нницы. Как называ́ют их ро́дственники и друзья́?

2. Как вы ду́маете, в честь кого́ назва́ли свои́х дете́й Са́ша и Ми́ша?

3. Как зовут жену Костиного брата Михаила (если вы не смогли этого вспомнить, перечитайте ещё раз разговор Кости и его мамы).

4. **а)** Дополните рассказ глаголами **звать, назвать, называть** в нужной форме.

Жену Александра, Костиного брата _____ Надежда. Два месяца назад у них родился сын. Они _____ его Павел. Но, конечно, все _____ его Павлик.

Косте уже 30 лет. Коллеги по работе _____ его Константин Павлович, а дома его _____ Костя.

Миша и Тамара _____ свою дочь в честь бабушки.

б) Посмотрите на семейную фотографию Архиповых. Расскажите, кто эти люди, как их зовут, как их называют на работе и дома, в честь кого их назвали.

5. **а)** Подберите соответствующие краткие и ласкательные имена.

Константин	Надя	Павлик (Пашенька)
Мария	Саша	Машенька
Павел	Миша	Сашенька
Александр	Паша	Мишенька
Михаил	Маша	Надюша (Наденька)
Ирина	Ира	**Костенька**
Анна	Наташа	Ирочка
Надежда	**Костя**	Наташенька
Наталья	Аня	Анечка

б) Вы помните, как зовут Костиного папу и Костину маму? Можете ли вы назвать имена Костиных дедушек?

в) Дополните таблицу.

Имя человека	Имя его отца	Полное имя человека
Иван	Иван	Иван Иванович
Владимир	Владимир	
Павел	Александр	
Олег	Максим	
Кирилл	Сергей	Кирилл Сергеевич
Сергей	Андрей	
Михаил	Алексей	
Виталий	Николай	
Василий	Юрий	Василий Юрьевич
Илья	Василий	
Пётр	Григорий	
Анна	Иван	Анна Ивановна
Наталия	Виктор	
Людмила	Вадим	
Екатерина	Борис	
Валентина	Николай	Валентина Николаевна
Надежда	Андрей	
Ольга	Сергей	
Нина	Алексей	
Лариса	Юрий	Лариса Юрьевна
Лидия	Григорий	
Алла	Виталий	

г) Дополните таблицу.

Если человека зовут… ,	то имя его отца… .
Павел Михайлович	Михаил
Владимир Ильич	
Пётр Алексеевич	
Игорь Петрович	
Андрей Аркадьевич	
Ирина Михайловна	Михаил
Елена Игоревна	
Марина Дмитриевна	
Людмила Борисовна	
Надежда Ильинична	

6. Прочитайте ещё раз телефонный разговор Марии Ивановны с Аней.

 ОБРАТИТЕ ВНИМАНИЕ на то, что Аня обращается к подруге своей мамы — *тётя Маша*.

ЗНА́ЕТЕ ЛИ ВЫ, что де́ти ча́сто испо́льзуют слова́ *тётя* и *дя́дя* при обраще́нии не то́лько к ро́дственникам, но и к друзья́м роди́телей, лю́дям, ста́ршим по во́зрасту, кото́рых они́ хорошо́ зна́ют с де́тства.

- Существу́ют ли подо́бные фо́рмы обраще́ния в ва́шей стране́?

7.
- Скажи́те, как зову́т ва́ших роди́телей.
- В честь кого́ назва́ли вас?
- Как называ́ют вас ро́дственники и друзья́?

8. Вы́пишите из те́кста и зада́ний слова́ и выраже́ния по те́мам «Семья́», «И́мя».

III

1. По́льзуясь те́кстом, скажи́те:

1) Ско́лько лет Ко́стиной ма́ме?
2) Ско́лько лет Ко́стиным бра́тьям, Алекса́ндру и Михаи́лу?
3) Ско́лько лет Ко́стиной сестре́?
4) Ско́лько лет бы́ло Ми́ше, когда́ роди́лся Ко́стя?
5) Ско́лько лет бы́ло Ко́сте, когда́ родила́сь Ле́на?
6) В како́м году́ роди́лся Ко́стя?
7) На ско́лько лет он мла́дше свои́х бра́тьев?
8) На ско́лько лет он ста́рше свое́й сестры́?
9) На ско́лько лет Ле́на мла́дше Са́ши и Ми́ши?
10) На ско́лько лет Ма́ша ста́рше Па́влика?

2.
1) Как вы ду́маете, ско́лько лет Ко́стиному па́пе? Зна́ете ли вы, что рове́сники — э́то лю́ди одного́ во́зраста?
2) Почему́ Ко́стин па́па рабо́тает, а его́ жена́ уже́ на пе́нсии?

3.
- Когда́ вы роди́лись?
- Ско́лько вам лет?
- У вас есть бра́тья и сёстры? Они́ ста́ршие и́ли мла́дшие? На ско́лько лет они́ ста́рше (мла́дше) вас?
- Ско́лько лет ва́шим роди́телям? Они́ рабо́тают и́ли уже́ пенсионе́ры?

4. Вы́пишите из те́кста и зада́ний слова́ и выраже́ния, обознача́ющие во́зраст челове́ка.

IV

1. По́льзуясь те́кстом, скажи́те:

- Где живёт Ко́стя?
- Где он роди́лся, е́сли 30 лет наза́д его́ роди́тели жи́ли в Сара́тове?
- Где роди́лся Па́влик, племя́нник Ко́сти?

2. Скажи́те:
- Где вы родили́сь?
- Где вы живёте?
- Где живу́т ва́ши ро́дственники?

3. Допо́лните текст глаго́лами в ну́жной фо́рме.

роди́ться

Ко́стя _____ в Сара́тове.

Ле́на _____ в Но́вгороде. Са́ша и Ми́ша _____ в Новосиби́рске.

Па́влик _____ в Москве́. Ма́ша то́же _____ в Москве́.

жить

Мари́я Ива́новна и Па́вел Петро́вич _____ в Москве́ на у́лице Строи́телей.

Их сын Ко́стя _____ вме́сте с роди́телями, а Алекса́ндр и Михаи́л _____ отде́льно от роди́телей.

Но́вгород Вели́кий

Новосиби́рск

Сара́тов

4. Скажи́те:
- Вы живёте отде́льно от роди́телей и́ли вме́сте с роди́телями?
- Как обы́чно живу́т взро́слые де́ти в ва́шей стране́: вме́сте с роди́телями и́ли отде́льно от роди́телей?

5. Напиши́те по-ру́сски ваш по́лный а́дрес.

V

1. Пользуясь текстом, ответьте на вопросы.

1) Костя женат или нет? Он собирается жениться или нет? У него есть дети?
2) Лена замужем или нет? У неё есть дети?
3) Миша и Саша женаты или нет? У них есть дети?
4) Аня замужем или нет? У неё есть дети?
5) Когда и на ком женились Саша и Миша?
6) Когда и за кого вышла замуж Лена?

2. Перечитайте разговор Кости с мамой.

- О чём рассказала Косте его мама?
- Чего боится Костина мама?
- Что её беспокоит?

3. Скажите:

- Вы женаты? Замужем? У вас есть дети? Когда и за кого вы вышли замуж? Когда и на ком вы женились?
- Если вы не замужем/не женаты, собираетесь ли вы выходить замуж/жениться?

4. Выпишите из диалога пословицу, которую вспомнила Костина мама.

- Согласны ли вы с этой пословицей?
- Существует ли в вашем родном языке похожая пословица?

5. Дополните текст подходящими по смыслу словами из скобок, употребите эти слова в нужной форме.

1) _____ женат на _____ уже давно. _____ вышла за _____ замуж, когда ей было 18 лет. (Михаил, Тамара)
2) _____ женился на _____ три года назад. (Александр, Надежда)
3) В прошлом году _____ вышла замуж за _____ . (Лена, её однокурсник Коля)
4) _____ в прошлом году развёлся _____, а в этом году опять решил на _____ жениться. (сын соседки, жена, она)

VI

1. Вспомните и скажите, кто по профессии герои «Простой истории», где они работают или учатся.

2. Как вы думаете, кто по профессии Надя и Тамара, кем будет Лена после окончания университета? Обоснуйте своё мнение. При ответе вы можете использовать данные ниже слова:

медсестра	журналист(ка)	юрист
парикмахер	учительница	тренер
продавец	экономист	слесарь
агроном	бухгалтер	лётчик
стюардесса	певица	домохозяйка
архитектор	балерина	фотомодель
преподаватель	инженер	бизнесмен (бизнесвумен)
переводчик	врач	нотариус
адвокат	менеджер	дипломат
повар	милиционер	строитель

3. а) Подумайте и скажите:

- Где учился Костя Архипов?
- Когда он окончил университет?
- Когда Лена поступила в университет, если сейчас она учится на третьем курсе?

б) Скажите:

- Вы учитесь или работаете?
- Что вы окончили и когда (какой университет, институт, факультет)?
- Вы любите свою работу?
- Кем вы хотели стать в детстве и почему?

4. Дополните текст глаголами **учиться, заниматься, изучать, поступить (поступать), окончить** в нужной форме.

Лена _____ в университете. Она _____ в университет три года назад. Лена _____ с удовольствием, хотя _____ трудными предметами. Она _____ математику, историю, международное право.

Костя любит свою работу. Когда он _____ в школе, он много _____ физикой. Костя _____ МГУ восемь лет назад. Сейчас он _____ физикой днём и ночью.

Главное здание МГУ

5. Дополните текст подходящими по смыслу словами **однокурсник, однокурсница, однокурсники; одноклассник, одноклассница, одноклассники** в нужной форме.

Студенты, которые учатся на одном курсе, — это _____.
Серёжа и Алла _____, они вместе учатся в консерватории.
Школьники, которые учатся в одном классе, — это _____.
Маша и Таня — _____, они девять лет учатся в одном классе.
Алексей, _____ Кости, после школы поступил на экономический факультет.

6. Выпишите из текста и заданий новые для вас слова и выражения по теме «Профессия».

VII

1. Вспомните, с кем разговаривали по телефону герои рассказа.

2. Дополните фразы словами, данными справа. Используйте эти слова в нужной форме. Где это необходимо, замените местоимения третьего лица (*его, её*) местоимением **свой**.

ПОМНИТЕ, что местоимение *свой* употребляется в тех случаях, когда в предложении объект принадлежит субъекту.

1) За обедом Костя разговаривал (*с кем*) _____.	его мама
2) Мария Ивановна позвонила по телефону (*кому*) _____.	её муж
3) Ирина Михайловна приедет в Москву (*к кому*) _____.	её подруга
4) Костя договорился о встрече (*с кем*) _____.	его брат
5) Мария Ивановна хочет, чтобы (*кто*) _____ женился.	её сын
6) Костя очень любит (*что*) _____.	его работа
7) Лена часто встречается (*с кем*) _____.	её одноклассники
8) Год назад Боря развёлся (*с кем*) _____, а сейчас опять собирается жениться (*на ком*) _____.	его жена

3. Вспомните, о чём просила Костю его мама. С кем Костя должен встретиться в Петербурге? Кому он должен передать посылку?

4. Ответьте на вопросы, используя слова, данные справа.

1) Кому звонила Мария Ивановна в Петербург?	Ирина Михайловна
2) Кому Мария Ивановна звонила на завод?	старший брат
3) Кому Мария Ивановна рассказала, что Боря собирается жениться?	муж Павел Петрович
4) Кому Костя должен передать посылку?	Костя
5) Кому звонил Костя с вокзала?	мамина знакомая

5. Замените личные предложения безличными.

О б р а з е ц: Костя должен передать посылку. —
   Косте нужно (надо) передать посылку.

1) Костя должен ехать в командировку в Петербург.
2) Он должен купить билет на поезд.
3) Мама считает, что Костя должен жениться.
4) Лена должна много заниматься, чтобы хорошо сдать трудный экзамен.
5) Костя должен заехать к брату, чтобы взять фотоаппарат.
6) Я должен позвонить своим родителям.
7) Чтобы поступить в университет, она должна сдать экзамены.
8) Мы должны написать письма одноклассникам.
9) Вы должны прочитать этот текст.
10) Ты должен вернуться домой рано.
11) Вы должны сдать паспорт на визу.
12) Они должны подготовить доклад к субботе.

VIII

1.
- Как вы думаете, Костя много работает?
- Сколько времени в день вы работаете?
- Сколько времени вы отдыхаете?

2. Обычно Костя возвращается домой поздно. Почему сегодня он вернулся рано?

3. Дополните фразы глаголами совершенного или несовершенного вида в форме прошедшего времени.

1) Обычно Мария Ивановна не _____ на работу своему мужу. Но сегодня она _____ ему, чтобы сказать, что Костя собирается в командировку. (звонить — позвонить)

2) Мама часто _____ Косте, что он должен жениться. Сегодня за обедом она опять _____ ему это. (говорить — сказать)

3) Несколько лет назад многие родители _____ детей именами: Александр, Иван, Анна, Мария, а мои знакомые _____ сына Власом, а дочь Елизаветой. (называть — назвать)

4) Мне надо позвонить другу, но я _____ номер телефона. Я и раньше всегда _____ номера телефонов и часто _____ записную книжку дома. (забывать — забыть)

5) На конференции мы _____ с известным учёным. Я всегда _____ с интересными людьми во время научных симпозиумов. (знакомиться — познакомиться)

4. Дополните фразы словами *ещё* или *уже*.

1) Обычно Костя возвращается домой поздно, но сегодня он вернулся рано. Сейчас четыре часа, а он _____ дома.
2) Обычно в 30 лет люди имеют семью. Косте 30 лет, но он _____ не женат.
3) — Ты собираешься позвонить домой?
   — Я _____ позвонила, мама передаёт тебе привет.
4) Мы с коллегами собираемся ехать в командировку. Они _____ купили билеты, а я _____ нет.
5) Вы _____ забыли сюжет нашей истории или _____ нет?

IX

1.
- Как вы думаете, кому из братьев позвонил Костя?
- Зачем он хочет заехать к брату?
- Почему ему нужен фотоаппарат?

2. Трансформируйте предложения.

О б р а з е ц: Я пошёл в магазин, чтобы купить хлеб. —
Я пошёл в магазин за хлебом.

1) Костя поехал на вокзал, чтобы купить билет.
2) Лена зашла к маме, чтобы взять журнал.
3) Костя заехал к шефу, чтобы взять статью.
4) По дороге домой Павел Петрович зашёл в магазин, чтобы купить игрушку для Павлика.
5) По дороге в школу Маша забежала в булочную, чтобы купить конфеты.

X

1. Замените прямую речь косвенной.

О б р а з е ц: 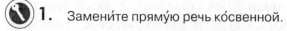 Мария Ивановна сказала: «Ира, Костя завтра приедет в Петербург». —
Мария Ивановна сказала Ире, что Костя завтра приедет в Петербург.

1) Мама сказала: «Костя, звонил Боря, твой одноклассник».
2) Костя спросил: «Мама, где молоко?»
3) Костя попросил: «Мама, передай хлеб».
4) Мама спросила: «Костя, когда ты женишься?»
5) «Всё было очень вкусно», — сказал Костя.
6) Мария Ивановна попросила Ирину: «Ты Анечке ничего не говори».
7) Брат спросил Костю: «Где ты?»
8) Павел Петрович обещал Марии Ивановне: «Я вечером приду домой рано».

2. Как вы думаете, что Мария Ивановна рассказала вечером Павлу Петровичу о разговоре с Костей и Ириной Михайловной?

XI

 1. Поду́майте и скажи́те, в каки́х ситуа́циях мо́жно употреби́ть сле́дующие фра́зы (при отве́те испо́льзуйте материа́л для спра́вок):

1) Переда́йте, пожа́луйста, соль.
2) Всё бы́ло о́чень вку́сно.
3) Пора́ обе́дать.
4) Мне всё равно́.
5) Я хочу́ познако́мить вас со свои́м дру́гом.
6) Я о́чень рад.
7) Переда́йте от меня́ приве́т (кому́-либо).
8) Нет-не́т, что ты!
9) А, вот в чём де́ло... Замеча́тельная иде́я!
10) Как дела́?
11) Договори́лись?
12) До встре́чи!
13) Извини́те, пожа́луйста.
14) Спаси́бо большо́е.

 Материа́л для спра́вок:

А) при встре́че/когда́ лю́ди встреча́ются;
Б) при проща́нии/когда́ лю́ди проща́ются;
В) при знако́мстве/когда́ лю́ди знако́мятся;
Г) когда́ приглаша́ют к столу́; за столо́м/во вре́мя еды́;
Д) при возраже́нии/когда́ лю́ди возража́ют кому́-либо;
Е) при согла́сии/когда́ лю́ди соглаша́ются с ке́м-либо;
Ж) когда́ лю́ди догова́риваются с ке́м-либо о чём-либо;
З) при извине́нии/когда́ лю́ди извиня́ются за что́-либо;
И) при выраже́нии благода́рности/когда́ лю́ди благодаря́т кого́-либо за что́-либо;
К) при выраже́нии отноше́ния к чему́-либо/когда́ лю́ди выража́ют своё отноше́ние к че́му-либо.

2. Подбери́те сино́нимы к выраже́ниям, приведённым вы́ше.

1) Как жизнь?
2) До свида́ния!
3) Вы не передади́те соль?
4) Мне безразли́чно.
5) Я хоте́л бы познако́мить вас со свои́м дру́гом.
6) Обе́д гото́в! К столу́!
7) Тепе́рь поня́тно... Прекра́сная мысль!
8) Вы не мо́жете переда́ть от меня́ приве́т (кому́-либо)?
9) Как пожива́ете?
10) Прости́те, пожа́луйста.
11) Я сча́стлив.

12) Пальчики оближешь.
13) Хорошо?
14) Благодарю вас.
15) Я совсем не хотела этого сказать!

XII

 Распределите по группам выражения, которые мы употребляем

а) чтобы выразить одобрение;
б) чтобы согласиться с предложением или мнением собеседника;
в) чтобы предположить что-либо/выразить предположение.

 ОБРАТИТЕ ВНИМАНИЕ, что некоторые выражения могут употребляться и в качестве одобрения и в качестве согласия.

А	Б	В
Одобрение	Согласие	Предположение

Правильно люди говорят.   Отлично!
Очень хорошо.   Действительно.
Договорились.   Может быть.
Наверное.   Ладно.
Хорошо.   Прекрасно!

XIII

1. Найдите в тексте и скажите (напишите):

1) Как начать разговор по телефону.
2) Как представиться по телефону.
3) Как попросить позвать кого-либо к телефону:
   а) в официальной обстановке;
   б) в неофициальной обстановке.
4) Как закончить разговор по телефону.

2. Разыграйте диалоги по ситуациям.

1) Костя звонит маме, чтобы сказать, что он заедет к брату.
2) Позвоните по телефону и договоритесь, что вы заедете
   а) к другу за журналом;
   б) в редакцию за статьёй;
   в) в офис за документами;
   г) в посольство за визой.

3) Вы звоните своему другу. Он дома, но к телефону подошла его сестра. Попросите его к телефону.

4) Костя звонит своему шефу Валентину Фёдоровичу и сообщает ему, что он купил билет в Петербург (на какой поезд, когда он уезжает, когда он будет в Петербурге, когда вернётся в Москву).

3. Внимательно рассмотрите железнодорожные билеты и скажите:

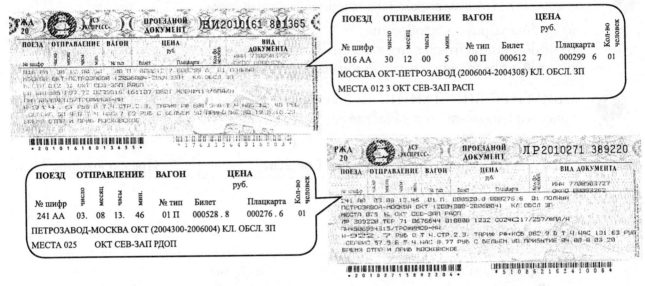

- Кто, куда, когда едет? на каком поезде, в каком вагоне, на каком месте?
- Когда этот человек будет в пункте назначения?
- Сколько времени он будет в пути?
- Какого числа, на каком поезде, в каком вагоне, на каком месте он поедет обратно, и когда он вернётся в Москву?

XIV

Подготовьте и разыграйте диалоги по ситуациям:

1) Вы рассказываете родственникам, в какой город вы хотите поехать и почему.
2) Вы предлагаете друзьям поехать с вами вместе в какой-либо город и объясняете, что вы там будете делать.
3) Вы покупаете в кассе билет до этого города.
4) Вы с друзьями собираетесь в поездку. Обсудите, какие вещи вам нужно взять с собой.
5) Купите в магазине вещи, необходимые для поездки.

XV

1. Как вы думаете, что Костя должен купить в магазине, чтобы взять с собой в Петербург? Составьте список этих вещей.

2. Помогите Косте купить эти вещи (разыграйте диалог Кости с продавцом).

XVI

1. Прочитайте ещё раз разговор Кости с мамой, скажите:
- Как вы думаете, Косте нравится этот разговор?
- Как вам кажется, поддерживает Костя разговор с мамой или нет?
- Вы можете доказать, что Костя не хочет продолжать разговор на тему женитьбы? (Для этого проанализируйте ход диалога.)
- Как вы считаете, почему Косте не нравится этот разговор?

2. Обратите внимание, что Костя и его мама в этом разговоре не выражают прямо свои мысли.
Как вы думаете, какая основная цель Марии Ивановны и Кости в этом разговоре?

3.
- Можно ли назвать поведение Кости в разговоре с мамой невежливым? Почему?
- Хочет ли Костя показать маме, что ему не нравится этот разговор?

4. Вспомните и назовите ситуации, в которых вы не хотели бы прямо выражать свои мысли.

XVII

Ответьте на вопросы.
1) Как вы думаете, сколько лет Ане?
2) Как вам кажется, Аня работает или учится?
3) Как вы думаете, где учится Аня? Чем она занимается?
4) Как вы считаете, Костя хочет познакомиться с Аней? Почему вы так думаете?
5) Как вы думаете, что случится дальше? Что будет делать Костя, когда приедет в Петербург?

КЛЮЧИ

II. 4. а) зовут; назвали; называют; называют/зовут, зовут; назвали.

V. 5. 1. Михаил женат на Тамаре. Тамара вышла за Михаила замуж. 2. Александр женился на Надежде. 3. Лена вышла замуж за её/своего однокурсника Колю. 4. Сын соседки... развёлся с женой, ... решил на ней жениться.

VI. 4. у́чится, поступи́ла, у́чится, занима́ется, изуча́ет, учи́лся, занима́лся, око́нчил, занима́ется.

VII. 2. 1. со свое́й ма́мой. 2. своему́ му́жу. 3. к свое́й подру́ге. 4. со свои́м бра́том. 5. её сын. 6. свою́ рабо́ту. 7. со свои́ми однокла́ссниками. 8. со свое́й жено́й, на свое́й жене́.

VII. 4. 1. Ири́не Миха́йловне. 2. му́жу Па́влу Петро́вичу. 3. Ко́сте. 4. ма́миной знако́мой. 5. ста́ршему бра́ту.

VII. 5. 1. Ко́сте на́до/ну́жно е́хать... 2. Ему́ на́до/ну́жно купи́ть... 3. ...что Ко́сте на́до/ну́жно жени́ться. 4. Ле́не ну́жно/на́до мно́го занима́ться... 5. Ко́сте ну́жно/на́до зае́хать... 6. Мне на́до/ну́жно позвони́ть... 7. ...ей на́до/ну́жно сдать экза́мены. 8. Нам на́до/ну́жно написа́ть... 9. Вам ну́жно/на́до прочита́ть... 10. Тебе́ ну́жно/на́до верну́ться... 11. Вам ну́жно/на́до сдать... 12. Им ну́жно/на́до подгото́вить докла́д ...

VIII. 3. 1. звони́ла, позвони́ла. 2. говори́ла, сказа́ла. 3. называ́ли, назва́ли. 4. забы́л(-а), забыва́л(-а), забыва́л(-а). 5. познако́мились, знако́мился(-лась).

VIII. 4. 1. уже́. 2. ещё. 3. уже́. 4. уже́, ещё. 5. уже́, ещё.

IX. 2. 1. ...за биле́том. 2. ...за журна́лом. 3. ...за статьёй. 4. ...за игру́шкой для Па́влика. 5. ...за конфе́тами.

X.1. 1. Ма́ма сказа́ла Ко́сте, что звони́л Бо́ря, его́ однокла́ссник. 2. Ко́стя спроси́л ма́му, где молоко́. 3. Ко́стя попроси́л ма́му переда́ть хлеб/что́бы она́ переда́ла хлеб. 4. Ма́ма спроси́ла Ко́стю, когда́ он же́нится. 5. Ко́стя сказа́л, что всё бы́ло о́чень вку́сно. 6. Мари́я Ива́новна попроси́ла Ири́ну, что́бы она́ Ане́чке ничего́ не говори́ла. 7. Брат спроси́л Ко́стю, где он. 8. Па́вел Петро́вич обеща́л Мари́и Ива́новне, что ве́чером он придёт домо́й ра́но.

XI. 1. А) 7, 10; Б) 12; В) 5, 6; Г) 3, 1, 2; Д) 8; Е) 9; Ж) 11; З) 13; И) 14; К) 4.

XI. 2. 1–10; 2–12; 3–1; 4–4; 5–5; 6–3; 7–9; 8–7; 9–10; 10–13; 11–6; 12–2; 13–11; 14–14; 15–8.

XII. 1. А) *Одобре́ние:* Очень хорошо́. Хорошо́. Отли́чно! Прекра́сно! Б) *Согла́сие:* Очень хорошо́. Хорошо́. Отли́чно! Прекра́сно! Ла́дно. Договори́лись. Пра́вильно лю́ди говоря́т. Действи́тельно. В) *Предположе́ние:* Наве́рное. Мо́жет быть.

ЧАСТЬ 2

МЫ ЕДЕМ В ПЕТЕРБУРГ

Дорогие друзья! Вы помните, что сегодня ночью без десяти двенадцать (23.50) Костя на поезде уезжает в Петербург. И вы можете поехать вместе с ним.

За полчаса до отхода поезда Костя приехал на вокзал. Костя человек очень аккуратный и обязательный, поэтому он никогда никуда не опаздывает. Костя прошёл через здание вокзала и вышел на перрон. Через пять минут к платформе подошёл поезд. Костя посмотрел на часы — было без двадцати двенадцать. Костя прошёл вдоль поезда и подошёл к своему вагону.

Проводник: Здравствуйте, будьте добры ваш билет.
Костя: Вот, пожалуйста.
Проводник: Так, место седьмое. Это во втором купе. Проходите, пожалуйста.

Костя вошёл в вагон и открыл дверь второго купе. Там ещё никого не было. Костя поставил свою сумку на багажную полку и сел к окну. Из кармана он достал записную книжку и открыл нужную страницу:

23

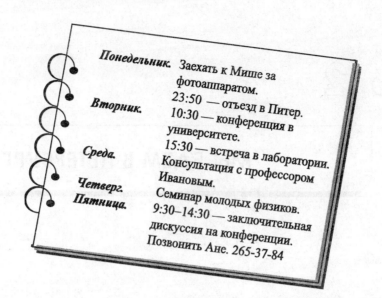

Костя (думает): Эх, мама, мама... Ну почему ей так хочется меня женить? Разве она не видит, что сейчас девушки серьёзно не думают о семье? Ну вот, например, Ира — она, конечно, человек хороший. Но слишком увлечена физикой, ей некогда заниматься хозяйством. А жена, конечно, должна быть хорошей хозяйкой. Как мама. А Вера? Весёлая, умная, общительная... Пожалуй, слишком общительная — встречи, походы, друзья, подруги... Такую жену никогда не увидишь дома. Наташа? Да, Наташа, конечно, очень красивая. Но, с другой стороны, и очень легкомысленная. А потом, она любит только себя. А жена должна любить прежде всего детей и мужа. Как мама. И вообще...

(*Открывается дверь в купе.*)

Толстый пассажир: Это второе купе? Я не ошибся? Шестое место здесь?
Костя: Да-да, входите, пожалуйста. Располагайтесь, у вас верхняя полка.
Пассажир: Уф, спасибо. Простите, вы не поможете мне поставить вещи?
Костя: Конечно, о чём речь?

(*Костя помогает пассажиру поставить его чемоданы и сумку под нижнюю полку.*)

Пассажир: Очень вам благодарен.
Костя: Ну что вы, не за что.

(*В купе входит худая высокая женщина в очках, она в тёмно-синем плаще, с зонтиком и портфелем в руках.*)

Пассажирка: Добрый вечер. У меня пятое место.
Пассажир, Костя: Добрый вечер.
Пассажир: Вот ваше место, внизу. Вам повезло.
Пассажирка: Разрешите, я повешу плащ и положу зонт.
Пассажир: Пожалуйста-пожалуйста (*смотрит на часы*). Осталось две минуты. Судя по всему, четвёртого попутчика у нас не будет...

XVI

1. Прочитайте ещё раз разговор Кости с мамой, скажите:
- Как вы думаете, Косте нравится этот разговор?
- Как вам кажется, поддерживает Костя разговор с мамой или нет?
- Вы можете доказать, что Костя не хочет продолжать разговор на тему женитьбы? (Для этого проанализируйте ход диалога.)
- Как вы считаете, почему Косте не нравится этот разговор?

2. Обратите внимание, что Костя и его мама в этом разговоре не выражают прямо свои мысли.
Как вы думаете, какая основная цель Марии Ивановны и Кости в этом разговоре?

3.
- Можно ли назвать поведение Кости в разговоре с мамой невежливым? Почему?
- Хочет ли Костя показать маме, что ему не нравится этот разговор?

4. Вспомните и назовите ситуации, в которых вы не хотели бы прямо выражать свои мысли.

XVII

Ответьте на вопросы.

1) Как вы думаете, сколько лет Ане?
2) Как вам кажется, Аня работает или учится?
3) Как вы думаете, где учится Аня? Чем она занимается?
4) Как вы считаете, Костя хочет познакомиться с Аней? Почему вы так думаете?
5) Как вы думаете, что случится дальше? Что будет делать Костя, когда приедет в Петербург?

КЛЮЧИ

II. 4. а) зовут; назвали; называют; называют/зовут; зовут; назвали.

V. 5. 1. Михаил женат на Тамаре. Тамара вышла за Михаила замуж. 2. Александр женился на Надежде. 3. Лена вышла замуж за её/своего однокурсника Колю. 4. Сын соседки... развёлся с женой, ... решил на ней жениться.

VI. 4. у́чится, поступи́ла, у́чится, занима́ется, изуча́ет, учи́лся, занима́лся, око́нчил, занима́ется.

VII. 2. 1. со свое́й ма́мой. 2. своему́ му́жу. 3. к свое́й подру́ге. 4. со свои́м бра́том. 5. её сын. 6. свою́ рабо́ту. 7. со свои́ми однокла́ссниками. 8. со свое́й жено́й, на свое́й жене́.

VII. 4. 1. Ири́не Миха́йловне. 2. му́жу Па́влу Петро́вичу. 3. Ко́сте. 4. ма́миной знако́мой. 5. ста́ршему бра́ту.

VII. 5. 1. Ко́сте на́до/ну́жно е́хать... 2. Ему́ на́до/ну́жно купи́ть... 3. ...что Ко́сте на́до/ну́жно жени́ться. 4. Ле́не ну́жно/на́до мно́го занима́ться... 5. Ко́сте ну́жно/на́до зае́хать... 6. Мне на́до/ну́жно позвони́ть... 7. ...ей на́до/ну́жно сдать экза́мены. 8. Нам на́до/ну́жно написа́ть... 9. Вам ну́жно/на́до прочита́ть... 10. Тебе́ ну́жно/на́до верну́ться... 11. Вам ну́жно/на́до сдать... 12. Им ну́жно/на́до подгото́вить докла́д...

VIII. 3. 1. звони́ла, позвони́ла. 2. говори́ла, сказа́ла. 3. называ́ли, назва́ли. 4. забы́л(-а), забыва́л(-а), забыва́л(-а). 5. познако́мились, знако́мился(-лась).

VIII. 4. 1. уже́. 2. ещё. 3. уже́. 4. уже́, ещё. 5. уже́, ещё.

IX. 2. 1. ...за биле́том. 2. ...за журна́лом. 3. ...за статьёй. 4. ...за игру́шкой для Па́влика. 5. ...за конфе́тами.

X. 1. 1. Ма́ма сказа́ла Ко́сте, что звони́л Бо́ря, его́ однокла́ссник. 2. Ко́стя спроси́л ма́му, где молоко́. 3. Ко́стя попроси́л ма́му переда́ть хлеб/что́бы она́ передала́ хлеб. 4. Ма́ма спроси́ла Ко́стю, когда́ он же́нится. 5. Ко́стя сказа́л, что всё бы́ло о́чень вку́сно. 6. Мари́я Ива́новна попроси́ла Ири́ну, что́бы она́ Анечке ничего́ не говори́ла. 7. Брат спроси́л Ко́стю, где он. 8. Па́вел Петро́вич обеща́л Мари́и Ива́новне, что ве́чером он придёт домо́й ра́но.

XI. 1. А) 7, 10; Б) 12; В) 5, 6; Г) 3, 1, 2; Д) 8; Е) 9; Ж) 11; З) 13; И) 14; К) 4.

XI. 2. 1–10; 2–12; 3–1; 4–4; 5–5; 6–3; 7–9; 8–7; 9–10; 10–13; 11–6; 12–2; 13–11; 14–14; 15–8.

XII. 1. А) *Одобре́ние:* Очень хорошо́. Хорошо́. Отли́чно! Прекра́сно! Б) *Согла́сие:* Очень хорошо́. Хорошо́. Отли́чно! Прекра́сно! Ла́дно. Договори́лись. Пра́вильно лю́ди говоря́т. Действи́тельно. В) *Предположе́ние:* Наве́рное. Мо́жет быть.

(В дверя́х появля́ется высо́кая, стро́йная, длинноно́гая де́вушка с кашта́новыми волоса́ми и больши́ми ка́рими глаза́ми.)

Де́вушка: Восьмо́е здесь?

Пассажи́р, Ко́стя: Да-да́.

Де́вушка: Всё-таки успе́ла. Сла́ва бо́гу. Мой самолёт задержа́лся, и я чуть не опозда́ла на по́езд. У меня́, ка́жется, ве́рхняя по́лка?

Ко́стя: Я с удово́льствием уступлю́ вам своё ме́сто.

Де́вушка: Не беспоко́йтесь, я прекра́сно устро́юсь на ве́рхней по́лке.

(Вхо́дит проводни́к.)

Проводни́к: Так, в э́том купе́ у нас все места́ за́няты. Ва́ши биле́ты, пожа́луйста.

Пассажи́рка: Вот мой биле́т, пожа́луйста.

Проводни́к: Спаси́бо.

Пассажи́р: Возьми́те, вот мой биле́т. А скажи́те, пожа́луйста, за посте́льное бельё на́до плати́ть?

Проводни́к: Нет, в на́шем по́езде бельё уже́ вхо́дит в сто́имость биле́та.

Ко́стя: Вот, пожа́луйста, мой биле́т.

Де́вушка (и́щет в су́мке биле́т): А где мой биле́т? Куда́ я его́ де́ла?

Ко́стя: Да вот же он, на сто́лике.

Проводни́к: Биле́ты я вам верну́, когда́ мы прие́дем в Петербу́рг.

Пассажи́рка: Прости́те, а ча́ем вы нас сего́дня угости́те?

Проводни́к: Извини́те, но чай бу́дет то́лько за́втра у́тром. А сейча́с споко́йной но́чи.

(Проводни́к выхо́дит, же́нщины беру́т полоте́нца и то́же выхо́дят из купе́. Ко́стя начина́ет бы́стро устра́иваться на ве́рхней по́лке.)

Пассажи́р: Эх, молодо́й челове́к, был бы я помоло́же, я бы на ва́шем ме́сте не пропусти́л бы таку́ю краса́вицу.

Ко́стя: Что вы хоти́те сказа́ть?

Пассажи́р: Вы уже́ де́сять мину́т е́дете вме́сте с тако́й чуде́сной де́вушкой, а до сих пор не познако́мились, телефо́н не взя́ли. Кста́ти, я и сам не предста́вился. Алексе́й Степа́нович. Агроно́м. Вот е́ду из Воро́нежа в Пи́тер на сельскохозя́йственную вы́ставку. А вы, прости́те?

Ко́стя: Константи́н. Очень прия́тно познако́миться.

(Возвраща́ются же́нщины.)

Алексе́й Степа́нович (с улы́бкой): Ми́лые да́мы, пока́ вас не́ было, мы с Константи́ном уже́ познако́мились. Меня́ зову́т Алексе́й Степа́нович.

Де́вушка: Очень прия́тно, Мари́на.

(Алексе́й Степа́нович достаёт из су́мки те́рмос, стака́ны и пироги́.)

Алексей Степанович: Чайку не желаете? С пирогами. Моя жена печёт очень вкусные пироги, вот, попробуйте. Эти с грибами, эти — с капустой...

(*Марина помогает Алексею Степановичу разлить чай в стаканы.*)

Пассажирка: Это очень любезно с вашей стороны. Чаю я выпью с удовольствием (*берёт стакан*). Меня зовут Римма Анатольевна.
Марина: Спасибо, Алексей Степанович, пироги, действительно, замечательные.
Алексей Степанович: Ну вот, попьём чаю, и можно спать ложиться.

(*Ночь. Все пассажиры, кроме Кости, спят.*)

Костя (думает): Какая красивая девушка! Такой красивой девушки я, пожалуй, никогда не видел. Я даже никогда не думал, что бывают такие красивые девушки. И какая милая! И, по-моему, она очень добрая... И какая она приветливая! Она всем сразу понравилась. Да, такая девушка не может не понравиться. И хозяйка она хорошая. И детей, конечно, любит. Такая девушка не может не любить детей! Прав Алексей Степанович, нужно взять у неё телефон. (*Костя засыпает.*)

(*Утро. Поезд стоит на вокзале в Петербурге.*)

Алексей Степанович: Константин, вставайте! Или вы хотите уехать обратно в Москву?
Костя: А что, уже приехали?
Алексей Степанович: Приехали, приехали. Мы вас будили, но вы так крепко спали...
Костя: А где Марина?
Алексей Степанович: Уже ушла. Что, молодой человек, проспали своё счастье? Ну что же, давайте прощаться, всего вам доброго.
Костя: Спасибо, и вам всего хорошего. (*У Кости расстроенный вид.*)

(*Костя вышел из вагона, достал из кармана телефон.*)

Костя (думает): Надо сейчас позвонить Ирине Михайловне, договориться, когда передать ей посылку от мамы. (*Костя набирает номер.*) Так... Двести шестьдесят пять, тридцать семь, восемьдесят четыре.

Аня: Алло!
Костя: Будьте добры Ирину Михайловну или Аню.
Аня: Это Аня. А мамы сейчас нет.
Костя: Здравствуйте, Аня. Это говорит Константин Архипов из Москвы. Я сын Марии Ивановны. Мама просила передать вам посылку.
Аня: Странно, ведь мама поехала в Москву именно к Марии Ивановне.

Костя: Я не знаю, в чём дело, но меня просили передать посылку, и я хочу это сделать побыстрее. Когда мы могли бы встретиться?

Аня: Через полчаса я ухожу на занятия, до двух буду в консерватории, а вечером у меня концерт.

Костя: Утром я тоже буду занят: мне ещё нужно устроиться в гостинице, потом я иду на конференцию, а в половине четвёртого у нас встреча в лаборатории. Но днём у меня будет час-полтора свободного времени. Мы не могли бы встретиться днём?

Аня: Хорошо. Давайте встретимся в четверть третьего. Вам подходит?

Костя: Отлично. Как я вас узнаю?

Аня: Я невысокого роста, блондинка с кудрявыми волосами до плеч. Я буду в серой куртке, у меня жёлтый шарф и пёстрая сумка.

Костя: А я в клетчатом костюме... И вообще, я высокий. Выше среднего роста.

Аня: А вы блондин или брюнет?

Костя: У меня русые волосы. Короткая стрижка.

Аня: А вы похожи на тётю Машу?

Костя: Все говорят, что очень похож.

Аня: Тогда я вас узнаю.

Костя: Вот и прекрасно. Значит, договорились.

Аня: До встречи.

Костя: До свидания.

(Костя берёт сумку и идёт к остановке автобуса, чтобы ехать в гостиницу. Подходит автобус.)

Костя: Простите, этот автобус идёт до гостиницы «Прибалтийская»?

Прохожий: Да, вам надо выходить через три остановки.

Костя: Спасибо.

(В автобусе.)

Костя (думает): Сейчас в гостиницу, потом на конференцию, а в два пятнадцать — встреча с Аней. В два пятнадцать... А ГДЕ?! Мы же не договорились, где мы встречаемся! Что же делать? Надо срочно перезвонить Ане, пока она ещё дома.

Водитель: Следующая остановка — гостиница «Прибалтийская».

Гостиница «Прибалтийская»

ЗАДАНИЯ

I

1. Вспомните и скажите:

- Кто по профессии Костя Архипов?
- Какого он возраста?
- Женат он или холост?
- Где он живёт?
- Зачем он уезжает в Петербург?

2. Вспомните и расскажите:

- Что Костя будет делать в Петербурге?
- Когда он будет занят, а когда свободен?

II

1. Вспомните, как обозначается время в русской разговорной речи.

Пять минут третьего.   Пятнадцать минут четвёртого (четверть четвёртого).   Половина пятого (полпятого).

Без двадцати пяти шесть.   Без пятнадцати семь (без четверти семь).   Без десяти восемь.

Двенадцать часов (ровно двенадцать).
Двенадцать часов дня — полдень.
Двенадцать часов ночи — полночь.

2. Ответьте на вопрос «Сколько времени?».

15.20	17.05	23.25	10.15	10.30	17.00	13.15
15.40	20.55	00.35	11.45	15.30	13.00	12.00

3. Ответьте на вопросы (устно или письменно).

О б р а з е ц: Фильм начинается в 18.30. Лена пришла домой за полчаса до начала фильма.
— Когда Лена пришла домой?
— *Она пришла домой ровно в шесть часов.*

1) Поезд из Воронежа в Москву отходит в четверть третьего. Алексей Степанович боялся опоздать, поэтому он приехал на вокзал за двадцать минут до отхода поезда.
— Когда он приехал на вокзал?
— _____.

2) Сегодня у Кости день рождения. Гости придут в семь часов. Пироги были готовы в 18.30.
— За сколько времени до прихода гостей Мария Ивановна испекла пироги?
— _____.

3) Футбольный матч начинается в три часа. Миша договорился встретиться с Сашей у входа на стадион без двадцати три.
— За сколько времени до начала матча они договорились встретиться?
— _____.

4) Мария Ивановна пришла домой в пять часов. Через пять минут после её прихода позвонил Павел Петрович и сказал, что он задержится на работе.
— Когда позвонил Павел Петрович?
— _____.

5) Учёные-физики приехали в университет в десять часов утра. Через полчаса после их приезда началась конференция.
— Когда началась конференция?
— _____.

6) Встреча в лаборатории началась в 15.30, а закончилась в 17.30.
— Сколько времени длилась встреча?
— _____.

7) Ирина Михайловна приехала в Москву во вторник. В четверг ей позвонила Аня.
— Через сколько дней Аня позвонила в Москву?
— _____.

8) Костина командировка началась во вторник и закончилась в пятницу.
— Сколько дней длилась его командировка?
— _____.

4. Рассмотрите страничку из записной книжки Кости.

- Скажите, что он будет делать в понедельник, во вторник, в среду, в четверг, в пятницу.
- Как вы думаете, что Костя будет делать в субботу и в воскресенье?

5. Перечитайте внимательно телефонный разговор Кости и Ани. Скажите, сколько свободного времени будет у Кости днём?

ОБРАТИТЕ ВНИМАНИЕ, что выражения *час-полтора*, *день-два*, *год-два* (и подобные) используются для приблизительного обозначения периода времени.

6.
- Как вы думаете, у Ани будет много свободного времени во вторник? Что она будет делать утром, днём, вечером?
- Костя позвонил Ане в 7.30 утра, а до которого часа (до какого времени) Аня будет дома? А до которого часа она будет в консерватории?

III

- Почему Костя решил позвонить Ане ещё раз?
- Почему надо перезвонить Ане очень быстро?
- Как вы думаете, успел ли Костя перезвонить Ане, пока она ещё дома?

IV

1. Вы помните, что Костя и Аня по телефону договариваются о встрече. Они никогда не видели друг друга раньше, и чтобы узнать друг друга при встрече, они описывают друг другу свою внешность. Вспомните этот диалог и опишите, как выглядят Костя и Аня.

2. а) Правильно ли проводник запомнил попутчиков Кости, если он сказал, что во втором купе ехали:

Высокий худой мужчина в очках, кажется, лысый; он был в синем плаще, а может быть, в тёмно-сером. У него был чемодан и сумка.

Ещё в этом купе ехала невысокая полная женщина с круглым лицом и ярко-рыжими волосами. У неё был зонтик и сумка.

С ними ехала девушка. Красавица! Высокая, стройная, длинноногая, с прекрасными длинными каштановыми волосами, с огромными карими глазами. У неё были длинные ресницы, тонкий нос, высокий чистый лоб и неповторимая улыбка!

б) Опишите внешность Костиных попутчиков.

3. **а)** Алексе́й Степа́нович до́лжен встре́титься в Петербу́рге с дру́гом своего́ бра́та, кото́рому он привёз посы́лку из Воро́нежа. Они́ никогда́ не ви́дели друг дру́га. Они́ догова́риваются о встре́че и опи́сывают свою́ вне́шность. Разыгра́йте их разгово́р по телефо́ну.

Друг бра́та, Андре́й Арка́дьевич, высо́кий блонди́н с голубы́ми глаза́ми, кру́пным но́сом, высо́ким лбом. Он мужчи́на сре́дних лет, широкопле́чий, у него́ спорти́вная фигу́ра. Он бу́дет в чёрной ко́жаной ку́ртке, в брю́ках се́рого цве́та, с большо́й су́мкой че́рез плечо́.

б) Ри́мма Анато́льевна догова́ривается о встре́че с челове́ком, кото́рый до́лжен переда́ть ей свою́ статью́.
Разыгра́йте их разгово́р по телефо́ну.

Его́ зову́т Алекса́ндр Влади́мирович. Он высо́кий худоща́вый мужчи́на, шате́н, у него́ прямы́е во́лосы, он но́сит очки́, он с бородо́й и с уса́ми. Он бу́дет оде́т в джи́нсы и зелёный сви́тер.

в) Мари́на догова́ривается о встре́че с де́вушкой, кото́рой она́ должна́ переда́ть кни́ги от друзе́й. Разыгра́йте их разгово́р по телефо́ну.

Де́вушка — Светла́на, сре́днего ро́ста, брюне́тка с косо́й. У неё курно́сый нос, большо́й рот, по́лные гу́бы. Она́ но́сит очки́. Бу́дет оде́та в джи́нсы и бордо́вую ку́ртку.

4. Разыгра́йте телефо́нный разгово́р с незнако́мым челове́ком, с кото́рым вам ну́жно встре́титься. Договори́тесь, где и когда́ вы встре́титесь, опиши́те свою́ вне́шность и как вы бу́дете оде́ты. Испо́льзуйте слова́ и выраже́ния:

Во́зраст: он молодо́й, немолодо́й, сре́днего во́зраста (сре́дних лет), пожило́й, пожило́го во́зраста.

Рост: ма́ленький, невысо́кий, ни́же сре́днего, сре́дний, вы́ше сре́днего, высо́кий; он невысо́кого ро́ста; он невысо́кий.

Фигу́ра: у него́ спорти́вная, пло́тная фигу́ра; он худо́й, худоща́вый, стро́йный, по́лный.

У него́ по́лная фигу́ра.   Он худоща́вый.

Лицо: у него́ / у неё кру́глое, ова́льное, дли́нное, квадра́тное, вы́тянутое, у́зкое лицо́.

Глаза́: у него́ / у неё больши́е, у́зкие; ка́рие, зелёные, се́рые, голубы́е, чёрные глаза́.

Во́лосы: у него́/у неё дли́нные, коро́ткие, прямы́е, кудря́вые, вью́щиеся, волни́стые; све́тлые, тёмные, чёрные, ру́сые, кашта́новые, ры́жие, пе́пельные, седы́е во́лосы; он блонди́н, брюне́т, шате́н, ру́сый; она́ блонди́нка, брюне́тка, шате́нка, ру́сая.

Причёска: у неё дли́нные во́лосы; она́ но́сит косу́, хвост, пучо́к; у неё коро́ткая стри́жка; у неё распу́щенные во́лосы до плеч.

Она́ но́сит косу́. Она́ сде́лала хвост. Она́ но́сит пучо́к.

Нос: у него́/у неё прямо́й, курно́сый, кру́пный, орли́ный, то́нкий, дли́нный, коро́ткий, широ́кий нос; у него́/у неё нос карто́шкой.

У неё курно́сый нос. У него́ нос карто́шкой. У него́ орли́ный нос.

Лоб: у него́ / у неё высо́кий, ни́зкий, широ́кий, у́зкий, чи́стый; лоб в морщи́нах.

5. Если вы прочита́ли расска́з проводника́ (зада́ние IV. 2.), то вы по́няли, что проводни́к ваго́на, где е́хал Ко́стя, не о́чень наблюда́тельный челове́к. У него́ не о́чень хоро́шая па́мять на ли́ца. А вы — наблюда́тельный челове́к? У вас хоро́шая па́мять на ли́ца? Прове́рить себя́ вы мо́жете с по́мощью игры́.

а) Игра́ «Кто э́то?»

Водя́щий — челове́к, кото́рый бу́дет отга́дывать, — выхо́дит из ко́мнаты, где нахо́дятся остальны́е игра́ющие. В его́ отсу́тствие оста́вшиеся в ко́мнате игроки́ выбира́ют одного́ челове́ка, изве́стного всем игра́ющим (в том числе́ и водя́щему). Это мо́жет быть член гру́ппы и́ли изве́стный поли́тик, писа́тель, учёный и т. п. Водя́щий, верну́вшись в ко́мнату, задаёт игрока́м вопро́сы, наприме́р: «Этот челове́к высо́кого ро́ста? У него́ больши́е глаза́? Он но́сит очки́?» (и т. п.), — то́ есть таки́е вопро́сы, на кото́рые мо́жно отве́тить «Да» и́ли «Нет». Опира́ясь на отве́ты игроко́в, водя́щий стара́ется отгада́ть, кого́ вы́брали игроки́. Если он непра́вильно назва́л челове́ка, кото́рого загада́ли игроки́, он продолжа́ет задава́ть вопро́сы. Если водя́щий пра́вильно отгада́л челове́ка, то выбира́ется но́вый водя́щий.

ВАРИА́НТ: Водя́щий зага́дывает челове́ка, а все игра́ющие задаю́т ему́ вопро́сы.

В э́ту игру́ мо́гут игра́ть и два челове́ка и больша́я гру́ппа люде́й.

б) Игра́ «Свиде́тель».

Игра́ющие в тече́ние 30 секу́нд смо́трят на портре́т, а зате́м как мо́жно подро́бнее опи́сывают вне́шность (лицо́, фигу́ру, оде́жду и т. п.) челове́ка на портре́те.

Провести́ э́ти и́гры вам помо́гут слова́ и выраже́ния:

Черты́ лица́: пра́вильные, непра́вильные, кру́пные, ме́лкие;

Бровь-бро́ви: прямы́е, густы́е;
Ресни́ца-ресни́цы: дли́нные, густы́е;
Щека́-щёки: худы́е, впа́лые, пу́хлые, румя́ные, бле́дные;
У́хо-у́ши: больши́е, ма́ленькие, прижа́тые, оттопы́ренные, аккура́тные;

Подборо́док: квадра́тный, тяжёлый, о́стрый, кру́глый, мя́гкий;
Рот: большо́й, ма́ленький, широ́кий;
Губа́-гу́бы: то́нкие, пу́хлые;
Ше́я: дли́нная, коро́ткая, то́нкая, то́лстая.

Одежда

Ве́рхняя: шу́ба, пальто́, ку́ртка, плащ;

Мужска́я оде́жда: костю́м, брю́ки, пиджа́к, руба́шка, га́лстук;

Же́нская оде́жда: пла́тье, ю́бка, блу́зка, ко́фта, жаке́т, костю́м, сарафа́н;

Оде́жда унисе́кс (её но́сят и мужчи́ны и же́нщины): джи́нсы, сви́тер, пуло́вер, дже́мпер, жиле́т, шарф, перча́тки;

О́бувь: сапоги́, боти́нки, ту́фли, босоно́жки, кроссо́вки, санда́лии, та́почки.

Сарафа́н.

Босоно́жки. Кроссо́вки. Санда́лии.

6. Прочита́йте ещё раз разгово́р Ани и Ко́сти. Аня бои́тся, что при встре́че не узна́ет Ко́стю, и спра́шивает, на кого́ он похо́ж.

- На кого́ похо́ж Ко́стя?
- Как вы ду́маете, на кого́ похо́жа Аня?
- На кого́ похо́жи вы, на па́пу и́ли на ма́му? А мо́жет быть, вы похо́жи на ба́бушку и́ли на де́душку?
- На кого́ похо́ж ваш брат? На кого́ похо́жа ва́ша сестра́? Спроси́те това́рищей по гру́ппе, на кого́ они́ похо́жи.

V

1. а) Говоря́т, что по вне́шности челове́ка мо́жно узна́ть его́ хара́ктер. Как вы ду́маете, э́то пра́вильно и́ли нет?

б) Что ду́мает Ко́стя о хара́ктере Мари́ны?

в) Почему́ Ко́стя ду́мает, что Мари́на ми́лая, о́чень до́брая, приве́тливая, хоро́шая хозя́йка, лю́бит дете́й?

г) Как вы ду́маете, понра́вилась Мари́на Ко́сте и́ли нет? Обрати́те внима́ние, как Ко́стя ду́мает о Мари́не. Перечита́йте э́ту часть те́кста, найди́те и вы́пишите фра́зы, синоними́чные сле́дующим и передаю́щие эмоциона́льную оце́нку:

1) Она́ о́чень краси́вая де́вушка — 1 _____
— 2 _____
— 3 _____

2) Она́ о́чень приве́тливая де́вушка — _____

д) Найди́те в те́ксте, что ду́мает Ко́стя о хара́ктере И́ры, Ве́ры и Ната́ши. Как вы ду́маете, нра́вятся они́ Ко́сте и́ли нет? Почему́ вы так ду́маете?

е) Что вы мо́жете сказа́ть о хара́ктере самого́ Ко́сти?

ж) Что вы мо́жете сказа́ть о хара́ктере Ко́стиных попу́тчиков?

Отвеча́я на э́ти вопро́сы, вы мо́жете испо́льзовать сле́дующие слова́ и выраже́ния:

Челове́к: общи́тельный/необщи́тельный, аккура́тный/неаккура́тный, обяза́тельный/необяза́тельный, у́мный/глу́пый, серьёзный/легкомы́сленный, до́брый/злой, стро́гий/мя́гкий, приве́тливый/неприве́тливый;

Хара́ктер: весёлый, откры́тый, за́мкнутый, тяжёлый, тру́дный, лёгкий; он/она́ пессими́ст(ка), оптими́ст(ка), эгои́ст(ка), альтруи́ст(ка).

2. а) Поведе́ние и посту́пки челове́ка говоря́т о его́ хара́ктере. Согла́сны ли вы с э́той мы́слью? Мо́жете ли привести́ приме́ры?

б) Соотнеси́те черты́ хара́ктера с посту́пками:

1) Она́ си́льно увлечена́ фи́зикой.	1) хозя́йственная
2) Она́ никогда́ никуда́ не опа́здывает.	2) себялюби́вая
3) Она́ печёт о́чень вку́сные пироги́.	3) эгоисти́чная
4) Она́ лю́бит то́лько себя́.	4) серьёзная
5) Она́ не лю́бит знако́миться с но́выми людьми́.	5) у́мная
6) Она́ угости́ла попу́тчиков ча́ем и пирога́ми, уступи́ла ста́рой же́нщине ни́жнюю по́лку.	6) общи́тельная
7) Она́ с ра́достью знако́мится с но́выми людьми́, говори́т им прия́тные ве́щи.	7) аккура́тная
8) Она́ всегда́ де́лает то, что обеща́ла.	8) обяза́тельная
9) У неё в кварти́ре всегда́ чистота́ и поря́док, все ве́щи лежа́т на свои́х места́х.	9) забо́тливая
	10) пунктуа́льная
	11) приве́тливая
	12) за́мкнутая
	13) необщи́тельная

3.
• Вы зна́ете, что Ко́стя пока́ не жена́т. Как вы ду́маете, почему́?
• Что Ко́стя ду́мает о том, како́й должна́ быть жена́?
• Как вы ду́маете, како́й должна́ быть жена́? Каки́м до́лжен быть муж?
• Почему́ у Ко́сти был расстро́енный вид, когда́ он просну́лся у́тром в по́езде?

Замени́те предложе́ния синоними́чными:

О б р а з е́ ц: У него́ расстро́енный вид. — *Он вы́глядит расстро́енным.*

1) У неё уста́лый вид. — _____ .
2) У них весёлый вид. — _____ .
3) У вас отдохну́вший вид. — _____ .
4) У него́ гру́стный вид. — _____ .
5) У неё серьёзный вид. — _____ .
6) У тебя́ озабо́ченный вид. — _____ .

VI

1. а) Сравни́те предложе́ния:

Ко́стя ду́мает, **что** Мари́на хоро́шая де́вушка.
Ко́стя хо́чет, **что́бы** Мари́на была́ его́ жено́й.

ОБРАТИ́ТЕ ВНИМА́НИЕ, что в сло́жном предложе́нии со значе́нием сообще́ния о фа́кте по́сле глаго́лов *ду́мать, наде́яться, знать, говори́ть, сказа́ть, по́мнить* употребля́ется сою́з ЧТО, а по́сле глаго́лов *хоте́ть, жела́ть, мечта́ть* — сою́з ЧТО́БЫ и глаго́л в фо́рме проше́дшего вре́мени.

б) Продо́лжите предложе́ния:

1) Я хочу́, _____ .
2) Мы наде́емся, _____ .
3) Он ду́мает, _____ .
4) Вы по́мните, _____ ?
5) Она́ зна́ет, _____ ?
6) Они́ говоря́т, _____ .
7) Ты сказа́л, _____ ?
8) Мы хоти́м, _____ .
9) Я жела́ю, _____ .
10) Я мечта́ю, _____ .

в) Зако́нчите предложе́ния:

ОБРАТИ́ТЕ ВНИМА́НИЕ, что сою́з ЧТО́БЫ употребля́ется та́кже в предложе́ниях со значе́нием це́ли. При э́том, е́сли в пе́рвой и второ́й частя́х предложе́ния — оди́н и тот же субъе́кт, то по́сле сою́за употребля́ется инфинити́в глаго́ла. Наприме́р: *Ко́стя прие́хал на вокза́л, что́бы е́хать в Петербу́рг.*

1) Проводни́к вошёл в купе́, _____ .
2) Алексе́й Степа́нович доста́л пироги́, _____ _____ .
3) Ко́стя позвони́л Ане, _____ .
4) Ко́стя до́лжен перезвони́ть Ане, _____ .
5) Ко́стя зае́хал к бра́ту Ми́ше, _____ .

договори́ться о встре́че
взять биле́ты
угости́ть попу́тчиков
взять фотоаппара́т
узна́ть ме́сто встре́чи

2. а) Вы зна́ете, что Мари́я Ива́новна хо́чет, что́бы Ко́стя жени́лся. Ей хо́чется, что́бы он жени́лся на Ане.
Как вы ду́маете, Ко́стя хо́чет жени́ться? Ему́ хо́чется жени́ться на Ане?

б) Вы заме́тили, что констру́кции *я хочу́* и *мне хо́чется* синоними́чны. Замени́те сле́дующие предложе́ния синоними́чными:

О б р а з е́ ц: Ири́на Миха́йловна хо́чет пое́хать в Москву́. —
Ири́не Миха́йловне хо́чется пое́хать в Москву́.

1) Ри́мма Анато́льевна хо́чет ча́ю. — _____ .
2) Ко́стя хо́чет взять у Мари́ны телефо́н. — _____ .

3) Ве́ра хо́чет пойти́ на дискоте́ку. — _____.
4) И́ра хо́чет пойти́ в библиоте́ку. — _____.
5) Ната́ша хо́чет говори́ть то́лько о себе́. — _____.
6) Ко́стя хо́чет, что́бы его́ жена́ была́ краси́вая, люби́ла дете́й и была́ хоро́шей хозя́йкой. — _____.
7) Па́вел Петро́вич хо́чет отдохну́ть на мо́ре. — _____.
8) Бори́с хо́чет помири́ться с бы́вшей жено́й. — _____.
9) Алексе́й Степа́нович хо́чет сде́лать прия́тное попу́тчикам. — _____.
10) Ко́стины роди́тели хотя́т ви́деть свои́х дете́й счастли́выми. — _____.

3. а) Вы по́мните, что Алексе́й Степа́нович говори́т Ко́сте: «Был бы я помоло́же, я бы на ва́шем ме́сте не пропусти́л бы таку́ю краса́вицу».

В э́том предложе́нии выража́ется нереа́льное усло́вие. Сравни́те предложе́ния:

Факт	**Нереа́льное усло́вие**
Пе́тя лени́вый, и он у́чится пло́хо.	Е́сли бы Пе́тя был трудолюби́вым, он бы учи́лся хорошо́.

б) Объедини́те предложе́ния в па́ры по смы́слу.

1) Ко́стя проспа́л и не взял у Мари́ны телефо́н.
2) У неё за́мкнутый хара́ктер, и она́ не лю́бит знако́миться с но́выми людьми́.
3) У меня́ с собо́й бы́ло ма́ло де́нег, и я не купи́ла но́вый сви́тер.
4) У него́ нет свобо́дного вре́мени, и он ре́дко хо́дит в теа́тр.
5) Сейча́с хо́лодно, и мы не пойдём гуля́ть.

1) Е́сли бы у неё был общи́тельный хара́ктер, она́ люби́ла бы знако́миться с но́выми людьми́.
2) Е́сли бы у меня́ с собо́й бы́ло мно́го де́нег, я бы купи́ла но́вый сви́тер.
3) Е́сли бы Ко́стя просну́лся ра́но, он успе́л бы взять у Мари́ны телефо́н.
4) Е́сли бы сейча́с бы́ло тепло́, мы бы пошли́ гуля́ть.
5) Е́сли бы у него́ бы́ло свобо́дное вре́мя, он ча́сто ходи́л бы в теа́тр.

VII

1. а) Алексе́й Степа́нович е́дет в Петербу́рг впервы́е. Он ра́ньше не́ был в Петербу́рге. Он **никогда́ не́** был там ра́ньше.

ОБРАТИ́ТЕ ВНИМА́НИЕ, что в ру́сском языке́ есть двойно́е отрица́ние: **никогда́ не́** был, **никуда́ не** е́здил, **ничего́ не** зна́ю, **нигде́ не** рабо́тает и т. п.

б) Найди́те в те́ксте отве́ты на вопро́сы. Обрати́те внима́ние, как вы́ражено двойно́е отрица́ние.

1) Ко́стя когда́-нибудь куда́-нибудь опа́здывает?
2) Когда́ Ко́стя вошёл в купе́, там кто́-нибудь был?
3) Почему́ Ко́стя ду́мает, что Ве́ра бу́дет не о́чень хоро́шей жено́й?
4) Ви́дел ли Ко́стя ра́ньше таку́ю краси́вую де́вушку, как Мари́на?

в) Ответьте на вопросы, используя конструкции с двойным отрицанием.

1) Видели ли Костя и Аня друг друга раньше?
2) Алексей Степанович был в Петербурге раньше?
3) Вы были в Петербурге раньше?
4) Вы когда-нибудь были на Северном полюсе?

> Северный полюс.

2. а) Костя думает, что Марина понравилась всем попутчикам: «такая девушка **не может не понравиться**» = **нравится всем** (обязательно понравится; конечно, понравится).

ОБРАТИТЕ ВНИМАНИЕ, что двойное отрицание может использоваться при утверждении.

б) Что значит фраза: «Такая девушка не может не любить детей»?

3. а) Вы, наверное, обратили внимание, что герои «Простой истории» часто употребляют вводные слова (*конечно, наверное, например* и др.) и междометия (слова, передающие эмоции: *ох! ах!* и др.), свойственные разговорной речи.

б) Найдите в тексте фразы с вводными словами, постарайтесь понять их значение (в случае необходимости уточните значения вводных слов в словаре).

ОБРАТИТЕ ВНИМАНИЕ, что фразы *О чём речь? Что за вопрос?* в диалоге могут иметь значение «конечно».

в) Подберите примеры к следующим группам вводных слов:

1) вводные слова, обозначающие уверенность/неуверенность говорящего;
2) вводные слова, обозначающие источник информации;
3) вводные слова, помогающие организовать мысль или фразу.

г) Какие ещё вводные слова и выражения вы знаете?

д) Дополните диалоги вводными словами.

1) — Я завтра уезжаю.
   — А когда ты приедешь обратно?
   — Через три дня.
   — _____, в четверг?
   — Да, в четверг.

2) — Ты поедешь с нами в Петербург на экскурсию?
   — _____. Я никогда не был в Петербурге и очень хочу поехать туда.

3) — Как ты думаешь, это хороший спектакль?
   — Я не видел его, но _____, что хороший.

4) — Совреме́нные де́вушки таки́е несерьёзные!
— А _____, есть серьёзные де́вушки. _____, И́ра. Она́ всё вре́мя занима́ется в библиоте́ке. _____, ты пойдёшь в библиоте́ку сего́дня?
— _____, пойду́, но то́чно ещё не зна́ю.

е) Найди́те в те́ксте фра́зы с междоме́тиями.

Эх — выража́ет доса́ду, *уф* — уста́лость, *так, ну что ж, ну вот* — употребля́ются в нача́ле фра́зы при перехо́де к но́вой те́ме, но́вому де́йствию и́ли при указа́нии на результа́т.

Приду́майте ситуа́ции, в кото́рых мо́жно испо́льзовать э́ти междоме́тия. Соста́вьте и разыгра́йте диало́ги по э́тим ситуа́циям.

VIII

а) В записно́й кни́жке Константи́на есть за́пись: *23.50. Отъе́зд в Пи́тер.* Объясни́те, куда́ уезжа́ет Константи́н.

б) Как вы ду́маете,

1) Как официа́льно называ́ется э́тот го́род?
2) Как его́ обы́чно называ́ют?
3) Как неофициа́льно (неформа́льно, ла́сково) называ́ют его́ ру́сские лю́ди?
4) Как го́род называ́лся с нача́ла Пе́рвой мирово́й войны́ (во вре́мя э́той войны́ Герма́ния была́ проти́вником Росси́и)?
5) Како́е назва́ние го́род име́л в сове́тское вре́мя?

1) Санкт-Петербу́рг
2) Пи́тер
3) Петербу́рг
4) Петрогра́д
5) Ленингра́д

Санкт-Петербу́рг

Па́мятник Петру́ I. «Ме́дный вса́дник»

Па́мятник В.И. Ле́нину у Финля́ндского вокза́ла

IX

а) Вы, наве́рное, обрати́ли внима́ние, что в те́ксте встре́тилось мно́го глаго́лов движе́ния с приста́вками и без приста́вок. Вы́пишите их из те́кста.

б) Используя эти глаголы, расскажите, что вы будете делать, когда приедете на вокзал, чтобы ехать в другой город.

X

а) Знаете ли вы разницу между глаголами *повесить*, *положить*, *поставить*? Что и куда можно повесить, положить и поставить в купе?

Отвечая на вопрос, и с п о л ь з у й т е с л о в а: чемодан, сумка, зонтик, плащ, портфель, пальто, шляпа, папка, рюкзак, куртка, полотенце, коробка, шапка, корзинка.

б) Расскажите, как вы разместите свои вещи в купе.

XI

1. а) Перечитайте разговор Кости с проводником и разыграйте похожий диалог.

   б) Перечитайте разговор Кости с Алексеем Степановичем и скажите:

   - Как он обратился к Косте с просьбой помочь?
   - Что ответил Костя?
   - Как Алексей Степанович выразил благодарность?
   - Что ответил Костя?

   Разыграйте диалог по следующей модели:

   просьба — согласие — благодарность — ответ на благодарность.

   в) Вспомните и скажите:

   - Что предложил Костя девушке в купе, и что она ответила?
   - Кому и когда принято уступать место?

2. а) Вспомните и скажите:

   - Какими словами Алексей Степанович предлагает попутчикам чай и пироги?
   - Какими словами они выражают благодарность?

   б) Разыграйте подобные диалоги.

3. а) В какой ситуации можно употребить слова: **достать, открыть, угостить, разлить, будить — разбудить, крепко спать, проспать**.

   б) Дополните фразы подходящими по смыслу глаголами.

   Бабушка _____ из буфета коробку конфет. Она _____ коробку и сказала: «Саша, Миша, идите пить чай. У меня есть вкусные конфеты, я хочу вас _____». Мальчики подбежали к столу: «Вот это да! Какие конфеты! Спасибо, бабуля!» — «На здоровье!» — ласково сказала бабушка. «А Костя?— спросил Саша, — Он не будет пить чай? Он ещё спит после обеда». — «Надо _____ Костю! А то он _____ всё самое вкусное!»— закричал Миша. — « Не надо его _____, — сказала бабушка. — Он _____ крепко. Я _____ его конфетами, когда он проснётся. А сейчас помоги́те мне накры́ть на стол и _____ чай в ча́шки». — «Коне́чно! Мы сейча́с!» — и ма́льчики побежа́ли к буфе́ту за посу́дой.

4. Расскажи́те о том, как Алексе́й Степа́нович угоща́л свои́х попу́тчиков.

5. Расскажи́те о том, как вы проспа́ли что́-нибудь интере́сное.

6. Обрати́те внима́ние, каки́ми слова́ми проща́ются с попу́тчиками. Разыгра́йте подо́бные диало́ги.

XII

1. Обрати́те внима́ние на разгово́р Ко́сти и прохо́жего.
   - Как Ко́стя обраща́ется к незнако́мому челове́ку на у́лице?

2. Разыгра́йте диало́ги «На у́лице» (вам на́до попа́сть в теа́тр, в поликли́нику, в университе́т, на стадио́н, на вокза́л, в аэропо́рт).

XIII

Как вы ду́маете, что случи́тся да́льше? Куда́ пойдёт Ко́стя ве́чером? Понра́вится ли Ко́сте Аня? Понра́вится ли Ане Ко́стя? Что произойдёт на конфере́нции? Отве́ты на э́ти вопро́сы вы найдёте в сле́дующей ча́сти.

Санкт-Петербу́ргский госуда́рственный университе́т

КЛЮЧИ

II. 2. Два́дцать мину́т четвёртого; без двадцати́ четы́ре; пять мину́т шесто́го; без пяти́ де́вять; два́дцать пять мину́т двена́дцатого; без двадцати́ пяти́ час; пятна́дцать мину́т оди́ннадцатого (че́тверть оди́ннадцатого); без пятна́дцати двена́дцать (без че́тверти двена́дцать); полови́на оди́ннадцатого (пол-оди́ннадцатого); полови́на четвёртого (полчетвёртого); пять часо́в (ро́вно пять); час дня; пятна́дцать мину́т второ́го (че́тверть второ́го); двена́дцать часо́в (ро́вно двена́дцать).

II. 3. 1) ...без пяти́ два; 2) ...за полчаса́ до прихо́да госте́й; 3) ...за два́дцать мину́т до нача́ла ма́тча; 4) ...пять мину́т шесто́го; 5) ...в де́сять три́дцать / ...в полови́не оди́ннадцатого; 6) ...два часа́; 7) ...че́рез день; 8) ...четы́ре дня.

V. 2. 1) — 4, 5; 2) — 8, 10; 3) — 1; 4) — 2,3; 5) — 12,13; 6) — 9; 7) — 6,11; 8) —8; 9) —7.

V. 3. Д. 1) Она́ вы́глядит уста́лой. 2) Они́ вы́глядят весёлыми. 3) Вы вы́глядите отдохну́вшим(-шей, -шими). 4) Он вы́глядит гру́стным. 5) Она́ вы́глядит серьёзной. 6) Ты вы́глядишь озабо́ченным.

VII. 2. б. Така́я де́вушка, несомне́нно/коне́чно, лю́бит дете́й.

VII. 3. в. 1) коне́чно, наве́рное, су́дя по всему́, пожа́луй, ка́жется; 2) говоря́т, по-мо́ему; 3) наприме́р, с друго́й стороны́, и пото́м, вообще́, кста́ти, зна́чит.

VII. 3. д. 1) зна́чит; 2) коне́чно; 3) говоря́т; 4) по-мо́ему, наприме́р; кста́ти; наве́рное.

VIII. б. 1) —1; 2) —2; 3)— 3; 4) —4; 5) —5.

XI. 3. б. доста́ла, откры́ла, угости́ть, разбуди́ть, проспи́т, буди́ть, спит, угощу́, разли́ть.

ЧАСТЬ 3

ЛЮДИ ВСТРЕЧАЮТСЯ...

Дорогие друзья! Сегодня вы узнаете, что случилось с Костей Архиповым дальше. Вы, конечно, помните, что он москвич, молодой учёный-физик, он не женат. Костя приехал в Санкт-Петербург в командировку. Костя должен встретиться с Аней и передать ей посылку. Они договорились, когда встретиться, но забыли договориться где. Костя вышел из автобуса на остановке «Гостиница Прибалтийская» и достал мобильный телефон. Но его мобильник не работал. Костя поспешил в гостиницу, чтобы оттуда побыстрее перезвонить Ане и договориться о месте встречи, пока Аня ещё не ушла на занятия в консерваторию. Сейчас Костя в холле гостиницы «Прибалтийская».

Костя: Простите, пожалуйста, откуда можно позвонить?
Администратор: Вот телефон-автомат, слева, возле газетного киоска.
Костя: Что нужно, чтобы позвонить: монеты, жетоны или телефонная карта?
Администратор: Здесь нужна карточка.
Костя: У вас можно её купить?

Администра́тор: Да, пожа́луйста. Вам каку́ю: за сто пятьдеся́т и́ли за три́ста два́дцать рубле́й?

Ко́стя: За сто пятьдеся́т, пожа́луйста.

(Ко́стя даёт администра́тору де́ньги — купю́ру в одну́ ты́сячу рубле́й.)

Администра́тор: Вот, пожа́луйста, ва́ша ка́рточка и сда́ча — восемьсо́т пятьдеся́т рубле́й.

Ко́стя: Спаси́бо.

Администра́тор: Не́ за что.

(Ко́стя подошёл к телефо́ну-автома́ту, вста́вил ка́рточку и набра́л но́мер.)

Аня: Алло́, я слу́шаю.

Ко́стя: Аня, э́то опя́ть Ко́стя Архи́пов.

Аня: Ой, Ко́стя! Как хорошо́, что вы позвони́ли! Я забы́ла, где мы договори́лись встре́титься.

Ко́стя: Нет, Аня, э́то не вы забы́ли, а мы о́ба забы́ли договори́ться о ме́сте встре́чи.

Аня: Отку́да вы пое́дете?

Ко́стя: Откры́тие конфере́нции бу́дет в а́ктовом за́ле университе́та.

Аня: Так. Э́то на Васи́льевском[1]. О́коло университе́та остано́вка авто́буса. Сади́тесь на деся́тый и́ли шестидеся́тый. Вам ну́жно вы́йти на Исаа́киевской пло́щади. Э́то, ка́жется, втора́я и́ли тре́тья остано́вка.

Ко́стя: Так...

Аня: Пото́м пешко́м по у́лице Декабри́стов[2]. Мину́т де́сять. До Театра́льной пло́щади.

Ко́стя: Спаси́бо, я по́нял.

---

[1] *Васи́льевский о́стров* — са́мый большо́й о́стров (1050 га) в де́льте реки́ Невы́, истори́ческий райо́н Петербу́рга.

[2] *Декабри́сты* — ру́сские дворя́нские революционе́ры, в основно́м офице́ры, уча́стники Оте́чественной войны́ 1812 го́да, кото́рые подня́ли восста́ние про́тив самодержа́вия и крепостни́чества. Восста́ние происходи́ло 14 декабря́ 1825 го́да, поэ́тому э́тих революционе́ров ста́ли впосле́дствии называ́ть *декабри́стами*.

Аня: Давайте встретимся у памятника Глинке[1].
Костя: Договорились. В два пятнадцать у памятника Глинке. До встречи.
Аня: До свидания.

Костя устроился в гостинице. Его номер триста пятьдесят четыре, на третьем этаже. Это одноместный номер. Номер Косте понравился: тёплый, светлый, просторный, со всеми удобствами. Костя подошёл к окну.

Костя (думает): Какой прекрасный вид! Наверное, это Финский залив? Или Нева? Кстати, надо бы купить карту города.

(*Костя посмотрел на часы. Было девять часов.*)

Костя: Ну что же, наверное, пора идти.

(*В холле гостиницы.*)

Костя: Простите, вы не скажете, как лучше проехать до университета?
Администратор: Вам какое здание нужно? В центре или в Петергофе[2]?
Костя: На Васильевском острове.
Администратор: Это не очень далеко. Удобнее всего сесть на автобус номер семь, университет — конечная остановка.
Костя: А ехать долго?
Администратор: Нет, минут пятнадцать.
Костя: А где остановка автобуса?
Администратор: Выйдете из гостиницы, повернёте налево, а там увидите.
Костя: Спасибо.
Администратор: Пожалуйста.

(*Костя быстро доехал до университета и вошёл в центральное здание.*)

Костя (обращаясь к незнакомому мужчине): Простите, пожалуйста, вы не знаете, где актовый зал?
Мужчина: Знаю, Константин Павлович.

(*Костя Архипов удивлённо смотрит на мужчину.*)

Мужчина: Не узнаёшь? Ну-ка, скажи быстро: Осип охрип, а Архип осип.
Костя: Надо же! Осипов?! Володька! Конечно, не узнал! Борода, усы...

---

[1] *Глинка Михаил Иванович* (1804—1857) — русский композитор, родоначальник русской классической музыки. Оперы «Жизнь за царя» и «Руслан и Людмила» положили начало двум направлениям русской оперы — народной музыкальной драме и опере-сказке, опере-былине. Симфонические сочинения заложили основы русского симфонизма.

[2] *Петергоф* — город недалеко от Петербурга. Основан Петром Первым в 1709 году. Здесь находится загородная резиденция русских царей — дворцово-парковый ансамбль XVIII–XIX веков.

Влади́мир: А я тебя́ сра́зу узна́л. Ты по́сле университе́та совсе́м не измени́лся.

Ко́стя: Ну, спаси́бо. А вот моя́ ма́ма счита́ет, что си́льно постаре́л. Ты здесь рабо́таешь и́ли пришёл на конфере́нцию?

Воло́дя: И рабо́таю, и пришёл на конфере́нцию. Я член оргкомите́та. Я знал, что ты прие́дешь. Здесь мно́го на́ших ста́рых знако́мых. Курт Шмидт прие́хал. Он о тебе́ уже́ де́сять раз спра́шивал.

Ко́стя: Курт? Прие́хал из Герма́нии?

Воло́дя: Смотри́, вон он, разгова́ривает с колле́гой из А́нглии.

Курт: Ко́стя, как я рад тебя́ ви́деть! Ты не знако́м с Ли́ндой Джо́нсон? Познако́мься, пожа́луйста: э́то Ли́нда, она́ занима́ется о́птикой, как и мы.

Ко́стя: Очень прия́тно.

Курт: Ли́нда, э́то Ко́стя. Мы с ним пять лет вме́сте учи́лись в МГУ на физи́ческом факульте́те.

Ли́нда: Здра́вствуйте, Ко́стя. Я о́чень ра́да с ва́ми познако́миться.

Ко́стя: Я то́же о́чень рад. Курт, как ты живёшь? После́днее вре́мя ты ре́дко пи́шешь...

Курт: Дела́, дела́... Рабо́ты о́чень мно́го. По́сле откры́тия конфере́нции поговори́м. В переры́ве.

Ко́стя: В переры́ве не полу́чится. Я до́лжен бу́ду пое́хать переда́ть одно́й де́вушке посы́лку от ма́мы.

Курт: Далеко́?

Ко́стя: К консервато́рии. Она́ там у́чится.

Курт: Я могу́ тебя́ проводи́ть, а по доро́ге поговори́м обо всём.

Ли́нда: Ва́ша знако́мая занима́ется му́зыкой? Вы зна́ете, я в де́тстве мечта́ла быть музыка́нтом. Я игра́ю на скри́пке. Я бы то́же хоте́ла уви́деть Петербу́ргскую консервато́рию.

Ко́стя: Прекра́сно, Ли́нда, пое́демте с на́ми.

Курт: Вот и отли́чно. Пое́дем все вме́сте, поговори́м и посмо́трим го́род.

Ли́нда: Про́сто замеча́тельно! Я впервы́е в Росси́и и не хочу́ теря́ть ни мину́ты.

Ко́стя: Вы здесь впервы́е? Но вы прекра́сно говори́те по-ру́сски! Почти́ без акце́нта. Где вы так хорошо́ вы́учили ру́сский язы́к?

Ли́нда (смеётся): Это мой ма́ленький секре́т.

Воло́дя (подхо́дит к ним): Ко́стя, зарегистри́руйся, и иди́те в зал. Конфере́нция сейча́с начнётся.

В переры́ве конфере́нции Ли́нда, Курт и Ко́стя се́ли на авто́бус и дое́хали до Исаа́киевской пло́щади, прошли́ по у́лице Декабри́стов, дошли́ до консервато́рии и подошли́ к па́мятнику Гли́нке.

Санкт-Петербург. Исаакиевская площадь

Костя: Самое интересное, что я точно не знаю, как выглядит девушка, которой я должен передать посылку. Это дочь маминой подруги.

Курт: Может быть, это вот та красавица с длинными тёмными волосами?

Костя: Нет, она блондинка.

Линда: Какое интересное здание напротив! Что это такое?

Курт: Это Мариинский театр.

Санкт-Петербург. Мариинский театр

Линда: Курт, вы всё знаете! Вы не первый раз в Петербурге?

Курт: Когда я учился в Москве, я очень любил приезжать сюда, в Питер.

Аня: Наверное, вы меня ждёте? Вы Костя Архипов? Я — Аня.

Костя: Здравствуйте, Аня. Очень рад с вами познакомиться.

Аня: Я тоже. Я много слышала о вас от тёти Маши. Кстати, как она поживает?

Костя: Спасибо, хорошо. Познакомьтесь, пожалуйста, с моими друзьями: это Линда, она приехала из Англии; а это Курт — мой друг и коллега из Германии.

Аня: Очень приятно, Аня.

Курт: Я счастлив познакомиться с вами. Наверное, это очень интересно — учиться в консерватории? На каком инструменте вы играете?

Аня: Я певица.

Курт: Я так и думал. Голос у вас — просто удивительный! Его можно слушать бесконечно. Не могли бы вы рассказать о Петербурге и показать нам город? Например, сегодня вечером?

Аня: Сегодня вечером я занята. И вообще... Вы знаете, кроме консерватории, я ещё выступаю в нашей студенческой опере.

Линда: Как интересно!

Аня: Почти каждый вечер у нас репетиции, и поэтому у меня очень мало свободного времени.

Курт: Как жаль! Я думаю, вы были бы самым лучшим гидом! Без вашей помощи нам будет трудно познакомиться с этим великолепным городом!

Линда (смотрит на Курта с удивлением): Но, Курт, вы же сами...

Курт: Извините, Линда. Костя, можно тебя на миночку?

(Курт и Костя отходят в сторону.)

Курт: Костя — эта девушка — мечта всей моей жизни! Я хочу встретиться с ней вечером.

Костя: Но ты же видишь, она сегодня занята.

Курт: Скажи, что ты забыл посылку в гостинице, а я вечером ей её привезу.

Костя: Но Курт, это глупо!

Курт: Да, глупо. Но я должен её увидеть. Придумай что-нибудь!

Костя: Ну что я могу придумать?

(А в это время Линда и Аня продолжали разговор.)

Линда: Я очень люблю русскую музыку. И, хотя мы будем здесь всего неделю, я хочу обязательно попасть в оперный театр и на концерт в филармонию.

Аня: Сегодня у вас уже есть планы на вечер?

Линда: Пока нет.

Аня: Если хотите, я могу пригласить вас на концерт в филармонию сегодня вечером.

Линда: Это было бы замечательно. Костя, Курт! Идите сюда скорее!

(Костя и Курт подходят.)

Линда: Послушайте, Аня приглашает нас на концерт в филармонию сегодня вечером.

Курт: Чудесно!

Костя: А мы успеем?

Курт: Конечно, успеем! Аня, когда начинается концерт?

Аня: В половине восьмого. Вот, пожалуйста, пригласительные билеты.

Линда, Курт, Костя: Спасибо! Спасибо большое!

Аня: Извините, что я не смогу встретить вас у филармонии. Дело в том, что я участвую в концерте и должна буду готовиться к выступлению. Вы знаете, как доехать до филармонии?

Костя и Линда: Нет.

Аня: Вы поедете из университета?

Костя: Нет, из Петергофа.

Аня: Из Петергофа вы приедете на Балтийский вокзал, там сядете на метро, проедете одну остановку и на станции «Технологический институт» сделаете пересадку, потом проедете две остановки и выйдете на станции «Гостиный двор». Филармония находится на площади Искусств, рядом с Русским музеем[1].

Костя: Тогда мы найдём. Спасибо.

(Костя даёт Ане пакет с посылкой.)

Костя: Аня, вот та посылка, которую моя мама просила вам передать.

Аня: Спасибо. Извините, мне пора.

Костя: Простите, вы не скажете, как нам лучше доехать до Петергофа? У нас там встреча в университетской лаборатории.

Аня: От Балтийского вокзала вам надо доехать до станции «Новый Петергоф». Электричка идёт полчаса. А до Балтийского вокзала вы можете доехать...

Курт (смотрит на часы): ...на такси.

Аня (улыбается): Можно и на такси.

Костя: Спасибо, Аня, до свидания!

Аня: До свидания.

Линда: Спасибо, Аня, мне было очень приятно с вами познакомиться.

Курт: До встречи!

ЗАДАНИЯ

I

1. Вспомните и скажите: Кто по профессии Костя Архипов, где он учился? Назовите имена его матери и отца.
   - Костя и Володя живут в одном городе?
   - Зачем Костя приехал в Петербург?
   - Где он живёт в Петербурге?
   - Зачем Костя, Курт и Линда едут к консерватории?
   - Что Курт, Костя и Линда делали утром?

---

[1] *Русский музей* — крупнейший в России (наряду с Третьяковской галереей) музей русской живописи. Открыт в Петербурге в 1898 году. Содержит богатейшую коллекции древнерусского, современного искусства.

- Что они будут делать вечером?
- Зачем они едут в Петергоф?

2. Расскажите всё, что вы знаете, об Ане, Курте, Линде и Володе: Кто они?
- Где они живут?
- Где они учатся или работают?
- Где они учились?
- Чем они занимаются в жизни?

II

а) Вспомните и скажите, как выглядят Аня и Володя.

б) Что вы можете сказать о внешности Кости?

в) Какими вы представляете себе Курта и Линду? Опишите их внешность. (Слова и выражения по теме «внешность» вы можете найти в части 2 «Простой истории».)

III

1. а) Где остановился Костя в Петербурге: у друзей? У знакомых? В общежитии? В гостинице?

б) Что вы можете рассказать о его номере? Куда выходят окна его номера: во двор? На Невский проспект? На Финский залив?

2. а) Что вы можете рассказать о гостинице «Прибалтийская»?

б) Посоветуйте друзьям, если они соберутся в Петербург, остановиться в этой гостинице (приведите свои аргументы).

IV

1. а) Вспомните и скажите, какими видами транспорта пользовались Костя и его друзья в Петербурге в течение дня.

б) Запишите названия известных вам видов транспорта (время на выполнение задания — 3 минуты). Вы можете устроить соревнование со своими товарищами: «Кто больше знает видов транспорта».

2. а) Дополните фразы: поставьте вместо точек нужные предлоги.

1) Костя сел ... автобус и поехал в гостиницу.
2) ... автобусе Володя встретил Курта.
3) Курт, Линда и Костя доехали до консерватории ... автобусе.
4) ... автобусе они видели женщину с маленьким симпатичным щенком.
5) Курт прилетел из Берлина в Петербург ... самолёте.
6) Костя и Володя встретились с друзьями ... метро.
7) Курт спросил Костю, ... каком автобусе он доехал от гостиницы до университета.
8) ... такси друзья обсуждали открытие конференции.

б) Разделите эти предложения на 2 группы (запишите номера предложений в соответствующую колонку):

Кто где находится?	Кто каким транспортом пользуется?

3. Прочитайте фразы и подумайте, какие из них можно услышать или прочитать в автобусе (А), а какие — в метро (Б).

1) Выход в город.
2) Осторожно, двери закрываются. Следующая станция — «Театральная».
3) Предъявите билеты, пожалуйста.
4) Переход на Кольцевую линию.
5) Следующая остановка — гостиница «Прибалтийская».

4. Вспомните и скажите, как наши герои добирались от гостиницы до университета, от университета до консерватории, от консерватории до физической лаборатории и из Петергофа до филармонии.

5. Дополните фразы глаголами в нужной форме. Используйте слова для справок.

1) Костя _____ из Москвы на поезде.
2) Курт _____ в Петербург на самолёте.
3) Друзья _____ к памятнику Глинке.
4) Костя _____ в здание университета.
5) Костя и Курт _____ от памятника.
6) Друзья _____ от метро до филармонии пешком.
7) Аня сказала: «Вы _____ из автобуса и _____ по улице Декабристов.
8) Из Хельсинки до Петербурга можно _____ на самолёте, _____ на теплоходе или _____ на поезде.

Слова для справок: отойти, доплыть, выйти, приехать, долететь, подойти, пройти, доехать, прилететь, дойти.

V

1. Напишите цифрами все числительные, которые вы встретили в тексте.

2. Прослушайте диалоги и запишите цифрами порядковые числительные.

ОБРАТИТЕ ВНИМАНИЕ, что глагол *идти* обозначает не только движение пешком, но и движение транспорта, имеющего расписание (кроме воздушного).

1) — Извините, вы не скажете, какой автобус идёт в центр?
   — Сто одиннадцатый.

2) — Простите, шестьсот девяносто девятый автобус идёт до Института русского языка?

— Нет, туда идёт только двести двадцать шестой, остальные поворачивают раньше.

3) — Вы не скажете, как доехать до рынка?

— Садитесь на восемьсот тридцать седьмой автобус, выйдите на следующей остановке и сделайте пересадку на сорок девятый троллейбус.

VI

1. а) Где встретились Костя с Володей? Где договорились встретиться Костя и Аня?

б) Где находится центральное здание университета и физическая лаборатория? Где находится филармония? Что находится напротив неё? Около какой станции метро она расположена?

Площадь Искусств

2. а) Дополните фразы, поставив вместо точек нужные предлоги. Используйте слова для справок.

1) Мариинский театр расположен ... консерватории.
2) ... Русским музеем находится филармония.
3) Девушки продолжали стоять ... памятника Глинке, когда Костя и Курт отошли ... них.
4) Остановка трамвая ... гостиницы.
5) Костя приехал ... консерватории вовремя.
6) ... станции метро «Гостиный двор» ... филармонии друзья дошли пешком.
7) Костя вышел ... автобуса и прошёл вперёд ... Университетской набережной.

С л о в а   д л я   с п р а в о к: рядом с, около, из, до, напротив, от, по, у, к.

б) Скажите, какие из этих предлогов имеют близкое значение?

3. Посмотри́те на ка́рту Петербу́рга, отме́тьте на ней маршру́ты Ко́сти и его́ друзе́й. Расскажи́те, как и куда́ они́ е́здили (ходи́ли), испо́льзуя глаго́лы движе́ния.

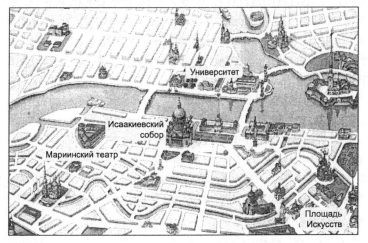

VII

1. Вы по́мните, что Ко́стя, Курт и Воло́дя учи́лись в МГУ (вы, коне́чно, зна́ете, что так сокращённо называ́ется Моско́вский госуда́рственный университе́т). Они́ о́чень хорошо́ зна́ют Москву́. Мо́жет быть, и вы хорошо́ зна́ете Москву́? Попро́буйте, по́льзуясь ка́ртой и схе́мой метро́, добра́ться:

1) От ста́нции метро́ «Юго-За́падная» до ста́нции «Партиза́нская».
2) От Кра́сной пло́щади до Третьяко́вской галере́и.
3) От Пу́шкинской пло́щади до Большо́го теа́тра.
4) От Кремля́ до Музе́я изобрази́тельных иску́сств и́мени А.С. Пу́шкина на у́лице Волхо́нке.

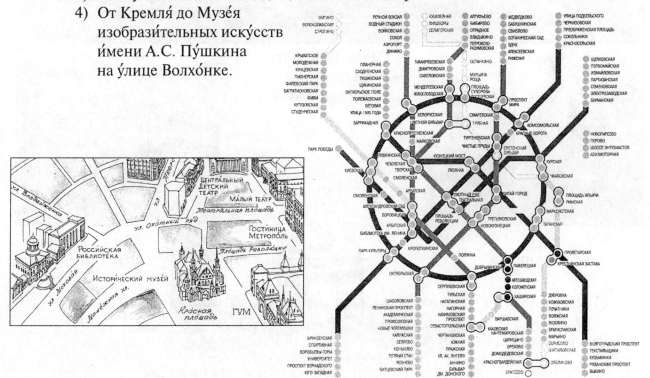

2. **а)** Вспомните, где находится старое здание университета в Петербурге.

б) ОБРАТИТЕ ВНИМАНИЕ, что в диалоге с Костей Аня говорит: *на Васильевском* вместо *на Васильевском острове*. Очень часто коренные жители пропускают в названии улиц, площадей и т. п. слова *улица, площадь*, например: *пройдите по Тверской*, вместо: *пройдите по Тверской улице* или *Я живу на Мосфильмовской* вместо: *на Мосфильмовской улице*.

3. ОБРАТИТЕ ВНИМАНИЕ, что в русском языке существуют два основных варианта наименования улиц, районов, площадей и т. п.:
1) Парковая улица, Университетская набережная (прилагательное + существительное типа *улица, площадь, переулок*).
2) улица Декабристов, площадь Восстания, парк Победы (существительное типа *улица, площадь* + существительное в родительном падеже).

При этом следует помнить, что в названиях первого типа склоняются обе части, например: *Он приехал на Пушкинскую улицу. Трансагентство находится на Ленинском проспекте.* В названиях второго типа изменяются по падежам только существительные типа *улица, площадь*, например:
*Это площадь Маяковского. Гостиница находится на площад**и** Маяковского. Это канал Грибоедова. Русский музей находится недалеко от канал**а** Грибоедова.*

Санкт-Петербург.
Университетская набережная

Москва.
Александровский сад

Санкт-Петербург.
Невский проспект

Москва. Триумфальная арка на площади Победы

Москва́. Кра́сная пло́щадь

4. Допо́лните фра́зы слова́ми из ско́бок, поста́вив их в ну́жной фо́рме.

1) За́втра мы пое́дем на _____ (Кра́сная пло́щадь).
2) Дава́й встре́тимся у _____ (Алекса́ндровский сад).
3) По _____ (Не́вский проспе́кт) мы дойдём до _____ (пло́щадь Иску́сств).
4) Недалеко́ от _____ (парк Культу́ры им. Го́рького) нахо́дится ста́нция метро́ «Октя́брьская».
5) По _____ (Университе́тская на́бережная) вы мо́жете пройти́ пешко́м.
6) Триумфа́льная а́рка располо́жена на _____ (пло́щадь Побе́ды).
7) По _____ (у́лица Декабри́стов) Ко́стя дошёл до _____ (Театра́льная пло́щадь).

VIII

а) Прочита́йте ещё раз диало́г, в кото́ром Ко́стя и Аня догова́риваются о встре́че.

б) Договори́тесь о встре́че со свои́ми друзья́ми:

Москва́.
Пу́шкинская пло́щадь

1) у Большо́го теа́тра;
2) на пло́щади Пу́шкина;
3) на Кра́сной пло́щади.

Испо́льзуйте при э́том выраже́ния:

Где мы могли́ бы встре́титься?

- Удо́бнее всего́ (встре́титься)...
- Лу́чше всего́ (встре́титься)...
- Мо́жно встре́титься...
- Дава́йте встре́тимся...

где?

Е́сли вы не возража́ете.
Е́сли вы не про́тив.
Е́сли вам удо́бно.
Вам подхо́дит?

Вам удо́бно? (Э́то удо́бно?)
Вы не про́тив?
Вы не возража́ете?
Договори́лись!

IX

1.
а) Как вы по́мните, при встре́че Ко́сти и Воло́ди в университе́те Ко́стя не узна́л Воло́дю сра́зу. Почему́ Ко́стя узна́л Воло́дю, когда́ тот попроси́л повтори́ть скорогово́рку **Оси́п охри́п, а Архи́п оси́п**?

б) Каки́е ру́сские фами́лии, образо́ванные от имён, вы зна́ете?

в) От каки́х имён образо́ваны фами́лии: **Ивано́в, Бори́сова, Ники́тин, Я́ковлев, Наде́ждина, Фили́ппов**?

2.
а) Попро́буйте са́ми произнести́ Воло́дину скорогово́рку. Кто сде́лает э́то быстре́е и пра́вильнее?

б) Познако́мьтесь с други́ми скорогово́рками, вы́учите их. Рабо́та со скорогово́рками помо́жет вам улу́чшить своё произноше́ние.

> Течёт ре́чка, печёт пе́чка.
>
> * * *
>
> На дворе́ трава́, на траве́ дрова́.
> Не руби́ дрова́ на траве́ двора́.
>
> * * *
>
> Корабли́ лави́ровали, лави́ровали,
> да не вы́лавировали.
>
> * * *
>
> Учени́к учи́л уро́ки, у него́ в черни́лах щёки.
>
> * * *
>
> Шла Са́ша по шоссе́ и соса́ла су́шку.
>
> * * *
>
> Под горо́й у сосно́вой опу́шки
> Жи́ли-бы́ли четы́ре стару́шки.
> Жи́ли-бы́ли четы́ре стару́шки,
> Все четы́ре больши́е болту́шки.

X

1. Просмотри́те текст и скажи́те, соотве́тствуют ли да́нные утвержде́ния фа́ктам «Просто́й исто́рии».

1) Ко́стя прие́хал в Петербу́рг по́здно ве́чером.
2) А́ня и Ко́стя встре́тились у па́мятника Гли́нке в нача́ле тре́тьего.
3) Ко́стя дое́хал от гости́ницы до университе́та за час.
4) Встре́ча друзе́й у консервато́рии продолжа́лась два часа́.
5) Когда́ Ко́стя пришёл в университе́т, бы́ло о́коло десяти́ утра́.
6) Конце́рт начина́ется в полови́не восьмо́го.
7) Ко́стя и Воло́дя вме́сте учи́лись в МГУ шесть лет.
8) Ко́стя познако́мился с Ли́ндой по́сле откры́тия конфере́нции.

2. Дополните фразы словами, подходящими по смыслу. Используйте слова для справок.

1) Когда Костя во второй раз позвонил Ане, она _____ не ушла на занятия в консерваторию.
2) _____ конференции Костя должен успеть передать Ане посылку.
3) _____ девушки говорили о музыке, молодые люди говорили о любви.
4) Электричка до Петергофа идёт полчаса. _____ друзья обсуждали работу конференции.
5) Аня торопится на концерт: начало концерта в 19.30, а сейчас _____ семь часов.

С л о в а   д л я   с п р а в о к: в перерыве, уже, ещё, по дороге, пока.

XI

1. Запишите цифрами время.

утро, день		вечер, ночь	
полдень — ____		полночь — ____	
четверть третьего — ____		без десяти час — ____	
без десяти пять — ____	утра, дня	двадцать пять минут шестого — ____	вечера, ночи
двадцать минут второго — ____		пять минут одиннадцатого — ____	
без четверти двенадцать — ____		пятнадцать минут восьмого — ____	
ровно два — ____		две минуты седьмого — ____	
без десяти час — ____		половина девятого — ____	

2. Прочитайте фразы и скажите, в каких из них содержится точная информация о времени, а в каких — приблизительная.

1) Автобус идёт до университета минут двадцать.
2) Концерт начинается в 19.30.
3) Я буду в лаборатории около часа дня.
4) Друзья разговаривали минут пятнадцать.
5) Я приеду домой после шести.
6) Поезд отходит без пяти час ночи.
7) Курт не писал Косте месяца три.
8) Конференция начинается в десять утра.

3. Замените выделенные части предложений синонимичными. Используйте слова для справок.

1) Она училась играть на скрипке, **когда была маленькая**.
2) **Когда** Курт **учился в университете**, он часто приезжал в Петербург.
3) Дедушка любит вспоминать, как хорошо он танцевал, **когда был молодым**.
4) **В 2008 году** конгресс по экологии проходит в Стокгольме, а **в 2007 году** он проходил в Новосибирске.

С л о в а   д л я   с п р а в о к: в студенческие годы, в прошлом году, в молодости, в детстве, в этом году.

4. **а)** Прочитайте предложения и скажите, в каких случаях говорящий считает, что названный период времени большой, а в каких — маленький.

1) Линда будет в Петербурге всего неделю.
2) Курт не писал Косте целых три месяца.
3) Я ждал твоего звонка целый день.
4) Туристы провели в Новгороде только два дня.
5) Электричка идёт до Петергофа всего полчаса.
6) Мария Ивановна разговаривала с подругой по телефону всего полтора часа.
7) «Маша! Ты говорила с Ирой по телефону целых полтора часа!» — сказал Павел Петрович.

А Субъективно большой период времени	Б Субъективно маленький период времени

б) Какие слова указывают на субъективную оценку говорящим длительности периода времени? Запишите их в таблицу.

XII

а) Вы помните, что в Петербурге Костя с вокзала приехал в гостиницу «Прибалтийская». Что он делал там?

б) Расположите действия Кости в правильной последовательности.

Поставил чемодан, умылся, запер дверь, побрился, вышел из номера, причесался, закрыл дверь, принял душ, вошёл в номер, подошёл к газетному киоску, открыл дверь, пешком спустился по лестнице с третьего этажа, поднялся на лифте на третий этаж.

XIII

Дополните фразы словами из скобок, поставив их в нужной форме.

1) Линда в детстве играла на _____ (скрипка).
2) Костя и Курт занимаются _____ (оптика).
3) Аня учится в _____ (консерватория).
4) Вы любите заниматься _____ (спорт)?
5) «Надо бы купить _____ (карта)», — подумал Костя.
6) Линда сказала: «Не хочу терять ни _____ (минута).

XIV

Дополните предложения словами **оба**, **обе** в нужной форме.

1) Костя и Володя не видели друг друга давно. Они _____ были рады встрече.
2) Ане и Линде было интересно разговаривать друг с другом. Они _____ любят классическую музыку.
3) Курт решил проводить Костю. Им _____ хотелось по дороге поговорить обо всём.
4) Аня и Курт понравились друг другу. У них _____ осталось приятное впечатление от знакомства.
5) Володя обрадовался встрече с Куртом и Костей, потому что он давно ничего не слышал о них _____ .

XV

1. Вспомните и скажите, почему Курт долго не писал Косте? Почему Аня говорит, что не может встретиться с Куртом вечером?

2. Дополните фразы словами из скобок, употребите их в нужной форме.

1) У меня всегда много _____ (работа).
2) Я читал несколько _____ (работа) этого физика.
3) Я хотел бы купить немного _____ (конфета).
4) Не спешите, у нас ещё много _____ (время).
5) Когда Костя едет в командировку, он берёт с собой мало _____ (вещь).
6) После концерта артистам подарили много _____ (цветы).
7) В киоске Костя купил несколько _____ (газета).
8) Конференция будет продолжаться несколько _____ (день).
9) Мария Ивановна получает много _____ (письмо) от своих бывших учеников.

3. Продолжите предложения, используя конструкции со словами **много**, **мало**, **немного**, **немало**, **несколько**, **сколько**.

1) Я пошёл в магазин, чтобы купить _____ .
2) В день рождения он получил _____ .
3) В актовом зале собралось _____ .
4) Я, к сожалению, не могу пойти с вами на концерт, потому что _____ .
5) Я бы с удовольствием послушала эту оперу, но _____ .
6) Вы не скажете, _____ ?

XVI

1. а) Вы обратили внимание, что в диалогах «Простой истории» представлен живой разговорный язык. Поэтому в диалогах вы часто встречали эмоциональные и оценочные выражения, вводные слова, обращения и формы привлечения внимания. Выпишите из диалогов такие слова и выражения.

б) Проверьте себя.

Вводные слова и выражения: кажется, наверное, кстати, может быть, вообще, дело в том.

Формы привлечения внимания: послушайте, вы знаете, смотри.

Эмоциональные и оценочные выражения: Прекрасно! Вот и отлично! Это просто замечательно! Чудесно! Как интересно! Это было бы замечательно! Как жаль! Надо же!

2. Найдите в тексте фразы с выражениями **надо же** и **ну-ка**.

ОБРАТИТЕ ВНИМАНИЕ, что *ну-ка* — это разговорное выражение, передающее усиление побуждения к действию, оно употребляется только в дружеском (неофициальном) общении. *Надо же* — выражение, передающее удивление, досаду.

3. Найдите в тексте диалоги, в которых слово *так* употребляется

1) при переходе к новой теме или действию или при указании на результат;
2) при поддержании разговора, чтобы показать: «я вас слышу, я вас понял».

4. Прочитайте и сравните предложения. Скажите, где слово **тогда** имеет **значение времени**, а где — значение **в таком случае**.

1) — После конференции у нас не будет времени сходить в Эрмитаж[1].
   — Тогда я пойду туда сегодня.

2) — В прошлом году ты говорил мне, что Катя — это любовь на всю жизнь!
   — Тогда я действительно так думал.

5. Составьте и разыграйте диалоги со словами, которые мы обсуждали в заданиях XVI. — 1, 2, 3, 4.

XVII

1. а) Найдите в тексте диалоги, в которых звучит просьба.

ОБРАТИТЕ ВНИМАНИЕ, что просьба часто выражается вопросительными предложениями с конструкцией

Вы/ты не + глагол СВ[2] в форме будущего времени:
Вы не нальёте мне чаю? Ты не дашь мне ручку? Ты не купишь торт?

Просьба, выраженная с помощью этой конструкции, звучит вежливо, она включает элемент значения «если вы можете, сделайте это». Слово *пожалуйста* в таких просьбах не употребляется. Вежливость просьбы в таких конструкциях выражается

---

[1] *Эрмитаж* — один из крупнейших в мире художественных и культурно-исторических музеев. Возник в Петербурге в 1764 году как частное собрание императрицы Екатерины II. Открыт для публики в 1852 году.

[2] *СВ* — совершенный вид глагола, *НСВ* — несовершенный вид глагола.

с помощью интонации, поэтому контролировать интонацию очень важно: такие фразы звучат как вежливая просьба только с интонацией вопроса (ИК-3):

Вы не дадите мне карандаш?

Если вы произносите такую фразу с другой интонацией, она выражает другое значение, например, утверждение (интонация ИК-1), грубое заявление (интонация ИК-2, ИК-4), удивление (интонация ИК-6).

б) Читайте фразы, выражающие вежливую просьбу. Контролируйте интонацию.

1) Ты не откроешь окно?
2) Вы не дадите мне ваш телефон?
3) Вы не повторите это ещё раз?
4) Ты не передашь мне сахар?
5) Вы не закажете мне билет?
6) Ты не сходишь в магазин?

 в) Трансформируйте предложения.

О б р а з е ц: Позвоните мне, пожалуйста, завтра. —
Вы не позвоните мне завтра?

1) Закройте, пожалуйста, окно. — _____?
2) Скажите, пожалуйста, как доехать до парка Победы. — _____?
3) Разменяйте, пожалуйста, сто рублей. — _____?
4) Налей мне, чаю, пожалуйста. — _____?
5) Купи, пожалуйста, молоко по дороге с работы домой. — _____?
6) Помогите мне, пожалуйста, перевести эту фразу. — _____?
7) Положи, пожалуйста, эти вещи на верхнюю полку. — _____?

2. Найдите в тексте выражения, при помощи которых можно извиниться, перебить говорящего, пригласить куда-либо собеседника. Употребите их в диалогах.

3. Найдите в тексте ситуации, в которых происходит встреча старых друзей и знакомство. Разыграйте аналогичные диалоги.

XVIII

1. а) Как вы думаете:

- Как герои «Простой истории» относятся друг к другу — хорошо, прекрасно, нормально, плохо, равнодушно?
- Кто кому нравится (понравился) или не нравится (не понравился)?
- Кто с кем дружит или хотел бы дружить?
- Кто с кем хотел бы продолжить знакомство?

б) Пользуясь текстом, определите:

- как Костя относится к Курту, к Линде, к Ане, к Володе;
- как Курт относится к Косте, к Линде, к Ане;
- как Линда относится к Курту, к Косте;
- как Аня относится к Курту, к Линде, к Косте.

2. Можете ли вы, используя текст, доказать, что Линде нравится Курт, что Костя равнодушен к Ане, что Курт равнодушен к Линде?

XIX

Как вы думаете, что случится дальше? Как будут развиваться отношения героев? Об этом вы узнаете в продолжении «Простой истории».

КЛЮЧИ

IV. 2. 1) на; 2) в; 3) на; 4) в; 5) на; 6) в; 7) на; 8) в.

IV. 3. А) — 3, 5; Б) — 1, 2, 4.

IV. 5. 1) приехал; 2) прилетел; 3) подошли; 4) вошёл; 5) отошли; 6) дошли; 7) выйдете, пойдёте; 8) долететь, доплыть, доехать.

V. 2. 1) 111; 2) 699, 226; 3) 837, 49.

VI. 2. а. 1) около; 2) рядом с; 3) у, от; 4) напротив; 5) к; 6) от, до; 7) из, по.

VI. 2. б. Рядом с, около, у.

VII. 4. 1) ...на Красную площадь. 2) ...у Александровского сада. 3) По Невскому проспекту... до площади Искусств. 4) Недалеко от парка Культуры... 5) По Университетской набережной. 6) ...на площади Победы. 7) По улице Декабристов... до Театральной площади.

X. 2. 1) ещё; 2) в перерыве; 3) пока; 4) по дороге; 5) уже.

XI. 4. а.   А) 2, 3, 7; Б) 1, 4, 5, 6.

XIII.   1) на скри́пке; 2) о́птикой; 3) в консервато́рии; 4) спо́ртом; 5) ка́рту; 6) ни мину́ты.

XIV.   1) о́ба; 2) о́бе; 3) обо́им; 4) обо́их; 5) обо́их.

XV. 2.   1) рабо́ты; 2) рабо́т; 3) конфе́т; 4) вре́мени; 5) веще́й; 6) цвето́в; 7) газе́т; 8) дней; 9) пи́сем.

XVII. 1. в.   1) Вы не закро́ете окно́? 2) Вы не ска́жете, как дое́хать до па́рка Побе́ды? 3) Вы не разменя́ете сто рубле́й? 4) Ты не нальёшь мне ча́ю? 5) Ты не ку́пишь молоко́ по доро́ге с рабо́ты домо́й? 6) Ты не помо́жешь мне перевести́ э́ту фра́зу? 7) Ты не поло́жишь э́ти ве́щи на ве́рхнюю по́лку?

ЧАСТЬ 4

НА́ШИ УВЛЕЧЕ́НИЯ. НА КОНЦЕ́РТЕ В ФИЛАРМО́НИИ

Дороги́е друзья́! Мы наде́емся, что вы с ра́достью сно́ва встре́титесь с Ко́стей Архи́повым и его́ друзья́ми. Вы, коне́чно, по́мните, что Ко́стя — моско́вский учёный-фи́зик. Хотя́ ему́ уже́ 30 лет, он ещё хо́лост. Ко́стя прие́хал на неде́лю в Петербу́рг для уча́стия в нау́чной конфере́нции. На конфере́нции Ко́стя встре́тился со свои́м дру́гом и бы́вшим одноку́рсником Ку́ртом из Герма́нии и с Ли́ндой — учёным-физи́ком из А́нглии. Друзья́ познако́мились с А́ней — студе́нткой консервато́рии, и А́ня пригласи́ла их на конце́рт в филармо́нию.

По́сле посеще́ния физи́ческой лаборато́рии университе́та Ли́нда, Ко́стя и Курт пое́хали в филармо́нию. Конце́рт начина́лся в семь три́дцать, а в полови́не седьмо́го друзья́ уже́ бы́ли на Не́вском проспе́кте[1] в двух шага́х от филармо́нии.

Ко́стя: У нас есть ещё почти́ час. Что бу́дем де́лать?
Ли́нда: Мо́жно зайти́ в магази́н купи́ть сувени́ры.
Курт: Ну́жно ещё купи́ть цветы́.
Ли́нда: Заче́м?

[1] *Не́вский проспе́кт* — центра́льный проспе́кт Петербу́рга.

Курт: В России любимым артистам всегда дарят цветы. Даже мужчинам. Так здесь принято.

Линда: Понятно.

Костя: Давайте пойдём сразу в филармонию, чтобы успеть в буфет. А цветы купим по дороге.

Линда: В буфет? Может быть, лучше зайти в кафе?

Костя: Нет, зачем! Не стоит идти в кафе, там придётся минут двадцать ждать заказа, а у нас не так уж много времени. А в театрах у нас, как правило, отличные буфеты. Иногда буфет — это самое лучшее, что есть в театре.

Санкт-Петербург. Невский проспект

Линда: Костя, вы, наверное, не любите театр?

Костя: Да, я предпочитаю ходить на стадион.

Курт: Интересно! Я вижу, твои вкусы изменились. Раньше, как я помню, ты увлекался театром.

Костя: Это было давно. А теперь я в основном интересуюсь спортом.

Линда: Каким?

Костя: Мы с сестрой играем в теннис, с отцом — в шахматы...

Курт (смеётся): А с друзьями — в карты?

Костя: На карты у меня просто нет времени. Я даже на стадион хожу редко, хотя очень люблю смотреть футбол.

Курт: Ты по-прежнему болеешь за «Спартак»?

Костя: А как же!

Линда: Костя, ты болеешь? Что с тобой? Ты простудился? Ой, от испуга за ваше здоровье я, кажется, сказала вам «ты». Простите, Костя.

Костя: Ничего-ничего.

Линда: Может быть, перейдём на «ты»? Мне так будет удобнее. Вы не против?

Костя: Конечно, не против.

Курт: Я тоже — за.

Костя (смеётся): Ну вот, все согласны. Кстати, о моём здоровье: просто мы говорим «я болею за спортивную команду», «я болельщик этой команды», когда нам очень нравится команда и мы следим за всеми соревнованиями и переживаем за её успехи.

Линда (улыбается): Теперь понятно, спасибо.

Костя: Моя любимая команда — «Спартак». В этом году она выиграла чемпионат страны.

Линда: Курт, а ты тоже болельщик?

Курт: Да нет, я больше люблю театр. Когда учился, не пропускал в Москве ни одной премьеры.

Костя (улыбается): Это правда. Но, по-моему, в то время ты совсем не интересовался классической музыкой. Значит, твои вкусы тоже изменились.

Линда: Это не удивительно. Часто у мужчин интерес к классической музыке возникает не в детстве, а позже.
Костя: Линда, а скрипка — это твоё единственное увлечение?
Линда: Нет, ещё я люблю вязать, коллекционирую марки и катаюсь на горных лыжах.
Костя: О! Какой разносторонний человек!

(*Линда, Курт и Костя дошли до филармонии и вошли в здание.*)

Линда: Какие у нас места?
Костя: Партер, восьмой ряд, середина.
Курт: Отличные места. Нам повезло.
Костя: Хорошо. Пойдём в буфет.
Курт (смеётся): Ты, наверное, голодный как волк! У тебя один буфет на уме. Подожди, надо купить программку. (*Обращается к билетёру*): Сколько стоит программа?
Билетёр: Двадцать рублей.
Курт (даёт билетёру деньги): Будьте добры, одну.
Билетёр: Пожалуйста, вот сдача, восемьдесят рублей.
Курт: Спасибо. (*Косте*): Костя, как фамилия Ани?
Костя: Фамилия? Ани? Аня — дочь маминой подруги Ирины Михайловны... А как же фамилия Ирины Михайловны? Не знаю... Забыл...
Курт: Эх ты!

(*Костя смущённо разводит руками.*)

Курт: Ну вот! Мы даже не знаем, в каком отделении она выступает, в первом или во втором!
Линда: Вы идите, я вас догоню. Я хочу посмотреть диски и сувениры в киоске.
Костя, Курт: Да, а мы пойдём в буфет. Встретимся там.

(*Костя и Курт входят в буфет.*)

Костя: Курт, давай сядем в центре, тогда Линда нас сразу увидит.
Курт: Как хочешь.

(*В буфете у прилавка.*)

Костя: Пожалуйста, три кофе, три бутерброда с ветчиной, три с икрой и три пирожных.
Буфетчица: Что-нибудь ещё?
Курт: Три стакана кока-колы, будьте добры. И бутылочку минеральной воды без газа.
Буфетчица: Всё? С вас шестьсот восемьдесят семь рублей.
Курт (Косте): Я заплачу. (*Даёт деньги буфетчице*): Вот, пожалуйста.
Курт: Как ты думаешь, Ане понравятся эти цветы?
Костя: Не знаю. Я вообще не понимаю, почему ты так волнуешься.
Курт: Я же тебе сказал: это любовь с первого взгляда.
Костя: Ну не знаю! Вот я в поезде, когда ехал сюда, встретил девушку — вот это да! Настоящая красавица! Тёмные волосы, огромные глаза...
Курт: Тебе всегда нравились строгие брюнетки, а мне нежные блондинки.
Костя: Но нравишься ли ты ей — вот в чём вопрос!
Курт: Конечно. Как ты думаешь, почему Аня пригласила нас на концерт?
Костя: По-моему, Аня пригласила не нас, а Линду...
Курт: Ладно, не будем спорить. Лучше расскажи, чем закончилась твоя встреча в поезде.
Костя: Ничем. Всё так глупо получилось: понимаешь, я всю ночь не мог уснуть, не спал, думал о ней, заснул только под утро, а когда проснулся, поезд уже стоял в Питере, и она уже ушла. Я не знаю ни фамилии, ни телефона, знаю только, что её зовут Марина. Красивое имя, правда?
Курт (пожимает плечами): Ну и что ты теперь собираешься делать? Надо же как-то её найти?
Костя: Да, надо, но как?

(*К столику подходит Линда. Друзья, увлечённые разговором, не замечают её.*)

Линда: Что вы так увлечённо обсуждаете?
Курт: Понимаешь, Линда, дело в том, что Костя влюбился. Но он не знает ни фамилии этой девушки, ни телефона, ни кто она, ни где она живёт, ни кем работает, ни как её найти.
Линда: Костя, а ты, по крайней мере, знаешь, как она выглядит?
Костя: Ну конечно, она...

(*Звенит первый звонок.*)

Линда: Вот и отлично! После концерта ты мне подробно её опишешь, и я нарисую её портрет.

(*Костя и Курт удивлённо смотрят на Линду.*)

Линда: Я с детства занимаюсь рисованием, и, говорят, неплохо пишу портреты по описанию.
Костя: Большое спасибо.

(Звенит второй звонок.)

Курт: Пора идти. Я не люблю опаздывать.

(Друзья входят в зал и занимают свои места. В антракте после первого отделения друзья находят в фойе Аню.)

Курт: Аня, вы пели великолепно! Поздравляю с прекрасным выступлением! *(Преподносит Ане букет.)*

Аня: Спасибо. Вам, правда, понравилось?

Костя: Конечно.

Линда: Спасибо вам, Аня, мне тоже очень понравился концерт. Я получила большое удовольствие.

Курт: Это было прекрасно! Я в восторге от вашего голоса!

Аня: Спасибо, спасибо, но, извините, я должна бежать.

Курт: Почему?!

Аня: Во втором отделении выступает моя подруга. Она очень волнуется, и я хочу успокоить и поддержать её перед выступлением.

Линда: Конечно-конечно, это очень правильно.

(Аня уходит.)

Курт (вслед Ане): Но мы встретимся после концерта?

(Звенит звонок, друзья идут в зал.)

Ведущий: Дорогие друзья! Второе отделение нашего концерта открывает выступление студентки четвёртого курса консерватории Марины Соколовой. Она исполнит пьесы из цикла «Времена года» Петра Ильича Чайковского.

(На сцену выходит пианистка.)

Костя: Курт, ЭТО ОНА!!!

ЗАДАНИЯ

I

1. Вспомните и скажите:

   1) В каких городах происходит действие «Простой истории»?
   2) Что вы можете рассказать о героях «Простой истории» — Косте, Курте, Линде и Ане: где они живут, сколько им лет, они работают или учатся, кто они по профессии, они женаты/замужем или нет?
   3) Зачем Костя, Курт и Линда приехали в Петербург?
   4) Надолго ли Костя, Линда и Курт приехали в Петербург?
   5) Куда едут друзья после посещения физической лаборатории университета?

6) Когда́ начина́ется конце́рт?
7) Где нахо́дится Петербу́ргская филармо́ния?
8) Когда́ друзья́ прие́хали на Не́вский проспе́кт: за пять мину́т до нача́ла конце́рта, за час до нача́ла конце́рта, че́рез де́сять мину́т по́сле нача́ла конце́рта?
9) Что сде́лали друзья́ до нача́ла конце́рта: зашли́ в магази́н за хле́бом, посети́ли вы́ставку соба́к, вы́пили ко́фе в буфе́те филармо́нии, пообе́дали в рестора́не, купи́ли цветы́, искупа́лись в Балти́йском мо́ре?
10) Что покупа́ет Курт у билетёра в филармо́нии? Каку́ю купю́ру дал билетёру Курт: 10 руб., 50 руб., 100 руб., 500 руб., 1000 руб., 5000 руб.?
11) Что покупа́ют друзья́ в буфе́те? Где они́ се́ли? Почему́?
12) Что вы зна́ете о Мари́не?
13) Понра́вилось ли друзья́м выступле́ние Ани?
14) Что случи́лось в нача́ле второ́го отделе́ния конце́рта?

2. Поду́майте и скажи́те:

1) Почему́ Ко́стя предпочита́ет поу́жинать в буфе́те?
2) Почему́ Ли́нда предположи́ла, что Ко́стя не лю́бит теа́тр?
3) Почему́ Ко́стя не зна́ет фами́лию Ани?
4) В како́м отделе́нии конце́рта выступа́ла Аня?
5) Как измени́лись вку́сы Ко́сти и Ку́рта: чем они́ интересова́лись ра́ньше и чем они́ увлека́ются тепе́рь? Каки́е увлече́ния Ли́нды вы зна́ете?

3. Как вы ду́маете,

кто	нра́вится	кому́
Аня		Ко́сте Ку́рту
Ли́нда		Ко́сте Ку́рту
Ко́стя		Ане Ли́нде
Курт		Ане Ли́нде

Аргументи́руйте ва́ше мне́ние.

II

1. Вспо́мните и скажи́те:

1) При́нято ли в Росси́и дари́ть цветы́ люби́мым арти́стам? Де́лают ли э́то, е́сли люби́мый арти́ст — мужчи́на?
2) При́нято ли дари́ть цветы́ люби́мым арти́стам в ва́шей стране́?
3) Кому́ и в каки́х слу́чаях при́нято дари́ть цветы́ в ва́шей стране́?

2. Скажи́те:

1) Как у ру́сских при́нято обраща́ться к малознако́мым лю́дям: на ты и́ли на вы?
2) Как обраща́ются друг к дру́гу Ко́стя, Курт и Ли́нда? Почему́?
 3) Как вы понима́ете выраже́ние *перейти́ на ты*?

III

Объясни́те значе́ния слов: **боле́льщик**, **билетёр**, **буфе́тчица**, **веду́щий**, **програ́ммка**.

IV

Вы по́мните, что днём Ко́стя, Ли́нда и Курт бы́ли на встре́че в физи́ческой лаборато́рии университе́та, кото́рая нахо́дится в Петерго́фе, недалеко́ от Петербу́рга. Ве́чером друзья́ бы́ли на конце́рте.

1. а) Прочита́йте исто́рию о том, как Ко́стя, Ли́нда и Курт добира́лись из Петерго́фа до филармо́нии.

По́сле посеще́ния физи́ческой лаборато́рии университе́та молоды́е учёные пешко́м дошли́ до вокза́ла в Петерго́фе. В э́тот моме́нт к платфо́рме подошёл по́езд.

— Бежи́м! — кри́кнул Ко́стя.

— Пое́дем на сле́дующем, — возрази́л Курт, и Ли́нда поддержа́ла его́:

— Коне́чно, у нас мно́го вре́мени, всё равно́ мы прие́дем за час до нача́ла конце́рта.

Сле́дующий по́езд пришёл че́рез четы́ре мину́ты. Друзья́ вошли́ в ваго́н, се́ли у окна́ и, пока́ е́хали, обсужда́ли встре́чу в лаборато́рии. Вре́мя в доро́ге пролете́ло незаме́тно. Электри́чка довезла́ друзе́й до Балти́йского вокза́ла за полчаса́. Они́ вы́шли из ваго́на, прошли́ по платфо́рме и вошли́ в метро́. По моско́вской привы́чке Ко́стя сбежа́л вниз по эскала́тору. Ли́нда удивлённо спроси́ла у Ку́рта:

— Ра́зве мо́жно бе́гать по эскала́тору?

Курт отве́тил:

— Как говоря́т ру́сские, «нельзя́, но е́сли о́чень хо́чется, то мо́жно». Ты зна́ешь, Ко́стя — москви́ч, а все москвичи́ не хо́дят, а бе́гают.

Что́бы дое́хать от Балти́йского вокза́ла до филармо́нии, ну́жно прое́хать на метро́ три остано́вки, перейти́ на другу́ю ли́нию и прое́хать ещё одну́ остано́вку.

Ли́нда: Како́е удо́бное метро́ в Петербу́рге, пра́вда, Курт?
Курт: Несомне́нно, но я предпочита́ю е́здить на такси́.
Ко́стя: Петербу́рг — о́чень краси́вый го́род. Когда́ я е́хал сего́дня на авто́бусе, я всё вре́мя смотре́л в окно́ и чуть не прое́хал свою́ остано́вку.
Курт: Кста́ти, а когда́ нам выходи́ть?
Ко́стя: Ой, сейча́с! Побежа́ли!

(*Друзья́ в после́днюю секу́нду успе́ли вы́бежать из ваго́на.*)

б) Вы́пишите из те́кста глаго́лы движе́ния.

в) Расскажи́те, как друзья́ добира́лись из Петерго́фа до филармо́нии, испо́льзуя вы́писанные глаго́лы.

г) Используя эти и другие глаголы движения, расскажите:

- о своей поездке за город;
- о путешествии в другой город;
- о путешествии в другую страну.

2. Дополните фразы подходящими по смыслу глаголами движения в форме прошедшего времени. Используйте слова для справок.

1) Друзья _____ до Петербурга за полчаса.
2) Они _____ из вагона и _____ по платформе.
3) Курт _____ по Невскому проспекту и _____ в руках большой букет роз.
4) Друзья _____ на площадь и _____ к зданию филармонии.
5) Линда _____ от Курта и Кости и _____ к киоску.
6) Курт и Костя _____ в буфет и _____ к прилавку.
7) Аня _____ на сцену.
8) Марина _____ со сцены под аплодисменты публики.

С л о в а д л я с п р а в о к: идти, пойти, выйти, подойти, отойти, войти, уйти, доехать, нести.

V

1. Ответьте на вопросы, используя слова и выражения, передающие временные отношения.

1) Надолго ли Костя приехал в Петербург?
2) Когда друзья приехали в филармонию?
3) Когда заснул Костя в поезде «Москва — Петербург»?
4) Когда Курт надеялся увидеть Аню снова?
5) Давно ли Линда занимается рисованием?

2. Выпишите из основного текста и текста из задания IV. 1. а) слова и выражения, передающие временные отношения. Составьте с ними рассказ «Я иду в театр».

3. Дополните текст данными словами и выражениями.

С л о в а д л я с п р а в о к: рано утром, после этого, через четверть часа; за завтраком; до обеда; это время; с детства; в сентябре прошлого года; по воскресеньям; с 9.30 до 15.15, по два часа в день; после репетиции, под вечер; за полтора часа до прихода Ани, за полчаса, в течение часа; три года назад; с апреля по октябрь, на месяц; во время отдыха.

Сегодня выходной. _____ Аня погуляла с собакой, _____ позавтракала и _____ вышла из дома. _____ Аня и её мама, Ирина Михайловна, обсуждали свои планы на день. Ирина Михайловна решила _____ позаниматься домашними делами. Аня

_____ проведёт на стадионе. Аня _____ занимается лёгкой атлетикой.

_____ она заняла второе место на первенстве области. Аня любит лёгкую атлетику и поэтому _____ она обязательно ходит на стадион. В другие дни у неё на это просто нет времени, потому что занятия в консерватории продолжаются _____ , кроме того, Аня индивидуально занимается пением _____ и много времени тратит на репетиции в студенческом музыкальном театре. _____ Аня часто приходит домой только _____ . Ирина Михайловна приходит домой _____, _____ она успевает приготовить ужин, и _____ _____ гуляет с собакой. Вся семья Ивановых очень любит животных, уже три года у них живёт собака Тоси. Сергей Николаевич, папа Ани, привёз Тоси из Японии _____ . Сергей Николаевич — капитан дальнего плавания. _____ он обычно находится в плавании, а сейчас он _____ должен приехать домой. _____ _____ Сергей Николаевич любит ходить на охоту, работать в саду и делать модели парусных кораблей.

4. Ответьте на вопросы, используя слова и выражения со значением времени.

1) Что вы обычно делаете утром?
2) Что вы обычно делаете после работы?
3) Чем вы любите заниматься в свободное время?
4) По скольку часов в день вы занимаетесь русским языком?
5) Когда вы начали изучать русский язык? (Сколько времени тому назад?)
6) По каким дням вы ездите за город на прогулку?

VI

1. Вспомните, чем увлекаются герои «Простой истории». Чем они занимаются в свободное время? Какие у них хобби?

2. Расскажите, что вы предпочитаете делать в свободное время. Используйте выражения:

    культурный отдых

    - ходить на премьеры; посещать театр; ходить в цирк; смотреть кинофильмы (кино); слушать оперу; смотреть балет; посещать концерты; смотреть видео; смотреть телевизор; ходить в музеи, посещать выставки; осматривать достопримечательности и архитектурные памятники; читать; слушать музыку; разгадывать кроссворды.

познавательный отдых

- ходить на курсы дизайна, посещать лекции по истории искусства, ходить в планетарий, ходить/ездить на экскурсии.

отдых в общении

- ходить в гости, встречаться с друзьями, навещать родных, сидеть с друзьями в кафе, играть с детьми, гулять по городу с друзьями.

общение с «братьями нашими меньшими» — с животными

- ходить в зоопарк, разводить рыбок, разводить птиц; гулять с собакой, играть с кошкой, наблюдать и фотографировать животных и птиц в природе, учить попугая русскому языку.

активный отдых

- танцевать, ходить на дискотеку; делать зарядку, бегать по утрам/по вечерам, ходить в тренажёрный зал/в фитнес-клуб; кататься на велосипеде, кататься на лодке; кататься на коньках, на роликовых коньках; кататься на скейте, на скейтборде; кататься на лыжах; ходить на лыжах; ходить на охоту, ловить рыбу, ходить в лес за грибами и ягодами, загорать и купаться; заниматься туризмом, ходить в походы.

рукоделие, садоводство, цветоводство, домашнее хозяйство

- вышивать, вязать, шить; готовить; работать в саду, разводить цветы.

моделирование

- делать модели самолётов, кораблей, макеты зданий.

коллекциони́рование

- коллекциони́ровать откры́тки, моне́ты; собира́ть значки́, ма́рки, этике́тки; собира́ть колле́кцию ку́кол в национа́льной оде́жде; составля́ть герба́рий.

тво́рческий о́тдых

- фотографи́ровать, снима́ть люби́тельские видеофи́льмы; игра́ть в самоде́ятельном теа́тре; писа́ть карти́ны, рисова́ть; петь в хо́ре; игра́ть на скри́пке, на кларне́те, на гита́ре, на фортепья́но, на трубе́, на фле́йте.

и́гры

- игра́ть в ша́хматы, в ка́рты, в лото́; игра́ть в ку́клы; игра́ть на компью́тере; игра́ть в де́тскую желе́зную доро́гу.

спорт

- занима́ться спо́ртом, боле́ть за люби́мую кома́нду, выступа́ть на спорти́вных соревнова́ниях; игра́ть в те́ннис, в футбо́л, в хокке́й, в бадминто́н, в волейбо́л; занима́ться пла́ванием, бе́гом, фигу́рным ката́нием, ко́нным спо́ртом, горнолы́жным спо́ртом.

экстрема́льный о́тдых

- занима́ться альпини́змом, парапланери́змом, да́йвингом, ра́фтингом, сёрфингом; пры́гать с парашю́том.

занятия, увлечения, интересы
- **заниматься** астрологией, астрономией, кулинарией;
- **увлекаться** чтением, рисованием;
- **интересоваться** политикой, экономикой, культурой, искусством, театром, музыкой, живописью, архитектурой, литературой, поэзией

Если вы не нашли в этом списке ваших увлечений и хобби, дополните список.

VII

1. Вы приехали в другую страну, но не очень хорошо знаете язык этой страны. Куда вы пойдёте:
- в цирк на представление, на эстрадный концерт,
- в театр на оперу или балет, в кинотеатр на детективный фильм,
- в драматический театр на пьесу современного автора,
- в кукольный театр на детский спектакль, на дискотеку в клуб,
- в филармонию на концерт классической музыки, в зоопарк,
- на стадион на футбольный матч, на стадион на рок-концерт.

2. а) Расскажите о вашем любимом театре, используя слова и выражения:

увлекаться театром, репертуар театра, входить в репертуар, ставить пьесу, режиссёр, актёр, актриса, играть роль, выступать в главной роли, играть в театре, исполнить ведущую роль, премьера, афиша, гастроли, ездить на гастроли, быть на гастролях, зритель, зрительный зал, партер, амфитеатр, ложа, бельэтаж, балкон, встретить аплодисментами, громко аплодировать, получить большое удовольствие (*от чего*), быть в восторге (*от чего*).

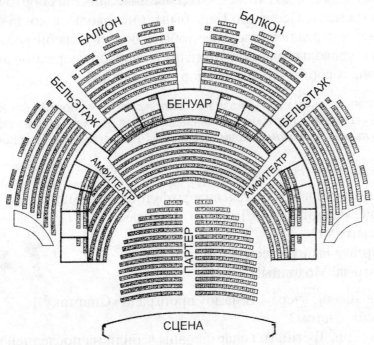

б) Убедите своих друзей побывать в вашем любимом театре.

VIII

1. Вспо́мните, каки́ми ви́дами спо́рта интересу́ется Ко́стя. А каки́м спо́ртом увлека́етесь вы? Вы занима́етесь спо́ртом и́ли вы то́лько боле́льщик? А мо́жет быть, вы равноду́шны к спо́рту?

2. а) Прослу́шайте текст и запиши́те назва́ния ви́дов спо́рта, кото́рыми занима́ются и́ли занима́лись Ко́стя и его́ ро́дственники.

Семья́ Архи́повых о́чень спорти́вная: ма́ма зимо́й хо́дит на лы́жах, а ле́том пла́вает; па́па игра́ет в ша́хматы и насто́льный те́ннис. В мо́лодости па́па был чле́ном сбо́рной кома́нды университе́та по волейбо́лу. Ко́стя ча́сто игра́ет в те́ннис со свое́й сестро́й Ле́ной, и Ле́на обы́чно его́ обы́грывает и шу́тит, что ему́ лу́чше занима́ться бейсбо́лом, чем те́ннисом. Ле́нин муж Ко́ля занима́ется каратэ́, у него́ чёрный по́яс, поэ́тому он никого́ не бои́тся. Ко́стин брат Ми́ша занима́ется подво́дным пла́ванием, а его́ жена́ Тама́ра ра́ньше занима́лась худо́жественной гимна́стикой. У неё о́чень хоро́шая фигу́ра, она́ рабо́тает манеке́нщицей. Год наза́д их дочь Ма́ша увлекла́сь ко́нным спо́ртом.

Как вы по́мните, у Ко́сти два бра́та: Са́ша и Ми́ша. Они́ близнецы́. В шко́ле они́ вме́сте игра́ли в хокке́й, но пото́м Ми́ша увлёкся фигу́рным ката́нием, а Са́ша — горнолы́жным спо́ртом. Он до сих пор о́чень лю́бит ката́ться на го́рных лы́жах, хотя́ его́ жена́ На́дя о́чень пережива́ет за него́ и говори́т, что э́то о́чень опа́сный спорт. Са́ша смеётся и отвеча́ет, что го́рные лы́жи не так опа́сны, как велосипе́дные го́нки и́ли парашю́тный спорт.

На́дя — еди́нственный неспорти́вный челове́к в семье́ Архи́повых. Она́ регуля́рно де́лает заря́дку, но счита́ет, что серьёзные заня́тия спо́ртом отнима́ют сли́шком мно́го вре́мени. Осо́бенно На́дя быва́ет недово́льна, когда́ вся семья́ Архи́повых собира́ется пе́ред телеви́зором, что́бы поболе́ть за люби́мую кома́нду. При э́том сама́ На́дя с удово́льствием смо́трит по телеви́зору соревнова́ния по фигу́рному ката́нию, она́ говори́т, что э́то не спорт, а иску́сство.

б) От вы́писанных ва́ми слов — назва́ний ви́дов спо́рта и спорти́вных заня́тий — образу́йте слова́ — назва́ния спортсме́нов, занима́ющихся э́тими ви́дами спо́рта. Наприме́р: **ходи́ть на лы́жах — лы́жник**. Е́сли вы сомнева́етесь, найди́те э́ти слова́ в ключа́х.

3. Прочита́йте диало́ги и соста́вьте аналоги́чные.

1) — Вы смотре́ли вчера́ по телеви́зору футбо́льный матч?
— Како́й? «Спарта́к» — «Дина́мо»? Смотре́л.
— Как сыгра́ли?
— «Спарта́к» вы́играл со счётом три : ноль.
— Вот э́то да! Молодцы́!

2) — Вы слы́шали, вчера́ «Дина́мо» проигра́ло «Спартаку́»!
— С каки́м счётом?
— Ноль : три. Тре́тий гол спарта́ковцы заби́ли на после́дней мину́те.
— Тепе́рь «Спарта́к» вы́шел в фина́л; я ду́маю, он ста́нет чемпио́ном.

IX

Как вы думаете, кто из героев «Простой истории» скажет:

— Это была замечательная пьеса!
— Я получила истинное наслаждение от этого концерта!
— Гол забили на последней минуте. Это был великолепный удар!
— Хотя профессор говорит, что у меня оперный голос, я больше люблю оперетту.

X

 1. В предложениях замените согласованные определения несогласованными.

О б р а з е ц: *Курт хорошо знает петербургские музеи. —
Курт хорошо знает музеи Петербурга.*

1) Встреча проходила в университетской лаборатории.
2) Костя любит гулять по московским улицам.
3) Саша страстно болел за институтскую волейбольную команду.
4) Я в восторге от Петергофских фонтанов!

2. В предложениях замените несогласованные определения согласованными.

О б р а з е ц: *Театры столицы летом выезжают на гастроли. —
Столичные театры летом выезжают на гастроли.*

1) В наш город на гастроли приехал ансамбль балета.
2) Это была игра полуфинала.
3) Мы с удовольствием посмотрели новые работы актёров.
4) Я интересуюсь проблемами экономики.

XI

 1. Соедините предложения с помощью уступительного союза **хотя**.

1) Косте 30 лет. Он ещё не женат.
2) Костя редко ходит на стадион. Он любит смотреть футбол.
3) Надя неспортивный человек. Она любит смотреть по телевизору соревнования по фигурному катанию.
4) Володя молод. Он член оргкомитета международной физической конференции.
5) Вчера было холодно. Аня гуляла с собакой полтора часа.

2. Прочитайте предложения, обратите внимание на то, как в русском языке выражается значение цели.

1) «Пойдём быстрее, чтобы успеть в буфет», — сказал Костя.
2) «Можно зайти в магазин купить сувениры», — предложила Линда.
3) Костя приехал в Петербург для участия в научной конференции.

4) Курт пришёл в филармонию с надеждой встретить там Аню.

5) Аня пошла к подруге для того, чтобы успокоить и поддержать её перед выступлением.

6) «Дорогие коллеги! Мы организовали эту встречу с целью обмена мнениями», — сказал профессор Иванов.

7) Аня объяснила друзьям дорогу до филармонии, чтобы они не заблудились.

3. Ответьте на вопросы, используя различные способы выражения цели.

1) Зачем Курт и Линда приехали в Петербург?
2) Зачем друзья поехали в Петергоф?
3) Для чего Курт купил цветы?
4) Для чего друзья решили прийти в филармонию за некоторое время до начала концерта?
5) Зачем Линда пошла к киоску?
6) С какой целью проводятся международные конференции?
7) Для чего вы изучаете русский язык?
8) Зачем нужно заниматься спортом?
9) Зачем люди женятся?

XII

1. Обратите внимание, что в диалогах «Простой истории» встречаются различные разговорные выражения, передающие согласие и несогласие (возражение).
Просмотрите текст и выпишите из него выражения с этими значениями. Проверьте себя:

Выражения со значением согласия:

А как же! — выражение имеет разговорный характер.

Конечно, (я) не против. — стилистически нейтральное выражение.

Я — за. — выражение имеет разговорный характер.

Как хочешь. — выражение согласия с оттенком равнодушия к тому, что предлагает собеседник.

Выражения со значением несогласия, возражения.

— *Может быть, лучше зайти в кафе?* — выражение несогласия в форме альтернативного предложения.

— *Нет, зачем!* Не стоит идти в кафе, там придётся минут двадцать ждать заказа, а у нас не так уж много времени. — выражение имеет разговорный характер.

— Курт, ты тоже болельщик? — *Да нет,* я больше люблю театр. — выражение имеет разговорный характер, усилительная частица *да* подчёркивает возражение.

Ну не знаю... — выражение несогласия с оттенком равнодушия к тому, что предлагает или высказывает собеседник.

2. Перечитайте фрагмент разговора Кости и Курта. Определите значение выделенных выражений. Проверьте себя.

Курт: Тебе всегда нравились строгие брюнетки, а мне — нежные блондинки.
Костя: Но нравишься ли ты ей — **вот в чём вопрос**!

Курт: **Конечно. Как ты думаешь, почему Аня пригласила нас на концерт?**
Костя: По-моему, Аня пригласила не нас, а Линду...
Курт: **Ладно**, не будем спорить.

Вот в чём вопрос! — может быть, вы заметили, что эта фраза Кости является частью цитаты из пьесы В. Шекспира «Гамлет»: «Быть иль не быть — вот в чём вопрос». Эти слова Шекспира стали крылатым выражением, но не всегда цитируются в речи полностью.

Как ты думаешь, почему она пригласила нас на концерт? — эта фраза Курта не является вопросом, имеет значение «Она пригласила нас на концерт, потому что я ей нравлюсь». Это значение вытекает из контекста.

Ладно. — в диалоге это слово часто выражает согласие, однако в данном случае оно употреблено в значении «хватит, достаточно» и выражает желание говорящего прекратить неприятный разговор.

3. Герои «Простой истории» общаются друг с другом в непринуждённой манере, поэтому в их речи встречается немало эмоционально окрашенных разговорных выражений. Проверьте, правильно ли вы их поняли.

Эх ты! — негативная оценка собеседника. Чаще всего возникает как реакция на его действия, не принёсшие желаемого результата.

Вот это да! — высокая степень положительной оценки субъекта, ситуации.

Ну вот! — эмоционально выраженное разочарование, негативная оценка ситуации.

Кстати о (моём здоровье)... — возвращение к поднимавшейся ранее теме.

XIII

1. Найдите в тексте диалоги с выражениями, при помощи которых можно похвалить артиста после выступления и выразить свои впечатления. Разыграйте аналогичные диалоги.

2. Найдите в тексте выражения, с помощью которых можно извиниться за скорый уход. Составьте и разыграйте диалоги с подобными выражениями.

XIV

1. Разыграйте диалог Курта с продавцом во время покупки цветов.

2. Вы пришли в театр за тридцать пять минут до начала спектакля и решили перекусить в буфете. Разыграйте диалог с буфетчицей.

3. Помогите Линде купить сувениры и диски в киоске.

XV

1. К вам пришли гости. Чем вы будете их развлекать? Расскажите им, чем вы сейчас интересуетесь.

2. Покажите друзьям свою коллекцию марок (открыток, кукол, книг по искусству) и расскажите о своём увлечении.

3. Уговорите своих товарищей пойти с вами на стадион, в театр, посмотреть футбол по телевизору, пойти в лес на прогулку, пойти за грибами, пойти в туристический поход, пойти на охоту, на концерт классической музыки.

4. Откажитесь от приглашения пойти на рыбалку, посмотреть пьесу современного автора, пойти на рок-концерт, посетить выставку абстрактной живописи.

XVI

1. Расскажите, как изменились ваши вкусы и увлечения с детства. Употребите в рассказе слова и выражения: *как я помню, в основном, по крайней мере, дело в том, что*...

2. Напишите сочинение на тему «Моё хобби».

XVII

Как вы думаете, что произойдёт дальше? Встретятся ли Курт и Аня после концерта? Прав ли Курт, думая, что он нравится Ане? Что будет делать Линда? Встретится ли Костя с девушкой, с которой он ехал в поезде? Не ошибся ли Костя, решив, что пианистка на сцене — это она?

Ответы на эти и многие другие вопросы вы найдёте в продолжении «Простой истории».

КЛЮЧИ

II. 2. 3) перейти на ты — значит начать обращаться друг к другу, используя местоимение *ты*.

IV. 2. 1) доехали; 2) вышли, пошли; 3) шёл, нёс; 4) вышли, подошли; 5) отошла, подошла; 6) вошли, подошли; 7) вышла; 8) ушла.

V. 3. Слова для справок даны в том порядке, в котором их следует вставить в текст.

VIII. 2. б) Шахмати́ст(ка), теннси́ст, волейболи́ст, карати́ст, бейсболи́ст, хоккеи́ст, фигури́ст, велосипеди́ст/велого́нщик, парашюти́ст, плове́ц/пловчи́ха, гимна́ст(ка), ко́нник.

X. 1. 1) ...в лаборато́рии университе́та; 2) ... по у́лицам Москвы́; 3) ...за волейбо́льную кома́нду институ́та; 4) ...от фонта́нов Петерго́фа.

X. 2. 1) ...бале́тный анса́мбль; 2) ...полуфина́льная игра́; 3) ...актёрские рабо́ты; 4) ...экономи́ческими пробле́мами.

XI. 1. 1) Хотя́ Ко́сте 30 лет, он ещё не жена́т. 2) Хотя́ Ко́стя лю́бит смотре́ть футбо́л, он ре́дко хо́дит на стадио́н. 3) Хотя́ На́дя неспорти́вный челове́к, она́ лю́бит смотре́ть по телеви́зору соревнова́ния по фигу́рному ката́нию. 4) Хотя́ Воло́дя мо́лод, он член оргкомите́та междунаро́дной физи́ческой конфере́нции. 5) Хотя́ вчера́ бы́ло хо́лодно, А́ня гуля́ла с соба́кой полтора́ часа́.

ЧАСТЬ 5

САНКТ-ПЕТЕРБУ́РГ. НЕ ТО́ЛЬКО ДОСТОПРИМЕЧА́ТЕЛЬНОСТИ...

Дороги́е друзья́! Мы продолжа́ем для вас «Просту́ю исто́рию» о Ко́сте Архи́пове, учёном-фи́зике из Москвы́.

Вы, наве́рное, по́мните, что Ко́сте уже́ 30 лет, но он ещё не жена́т, и э́то о́чень беспоко́ит его́ ма́му, Мари́ю Ива́новну. Когда́ Мари́я Ива́новна узна́ла, что её сын собира́ется на конфере́нцию в Петербу́рг, она́ реши́ла, что Ко́стя обяза́тельно до́лжен познако́миться с А́ней, до́черью её петербу́ргской подру́ги. По мне́нию Мари́и Ива́новны, А́ня — про́сто краса́вица и поэ́тому не мо́жет не понра́виться Ко́сте.

В по́езде «Москва́ — Санкт-Петербу́рг» Ко́стя встре́тил де́вушку, кото́рая произвела́ на него́ о́чень большо́е впечатле́ние. Но, к сожале́нию, Ко́стя не успе́л узна́ть о ней ничего́, кро́ме и́мени — Мари́на. Ко́стя о́чень хоте́л найти́ Мари́ну в Петербу́рге, но не знал, как э́то сде́лать.

На конфере́нции Ко́стя встре́тил своего́ бы́вшего однокурсника — не́мца Ку́рта. Курт познако́мил Ко́стю с Ли́ндой, учёным-фи́зиком из А́нглии. По поведе́нию Ли́нды мо́жно бы́ло предположи́ть, что она́ увлечена́ Ку́ртом.

Линда и Курт пошли вместе с Костей на встречу с Аней. Когда Курт увидел Аню, он сказал Косте, что эта девушка — «мечта его жизни», он влюбился в неё с первого взгляда. Аня пригласила новых знакомых на концерт студентов консерватории, в котором она тоже будет выступать. Друзья с удовольствием приняли приглашение. В начале второго отделения концерта на сцену вышла молодая пианистка, и Костя узнал Марину, девушку, с которой он встретился в поезде.

После концерта Курт, Костя и Линда ждут Аню и Марину у выхода из филармонии.

Курт: Смотрите, дождь!

Линда: У меня есть зонтик. Я слышала, что в Петербурге часто идут дожди.

Костя: Да-а, а утром было тепло и ясно.

Линда: И солнце ярко светило...

Курт: Здесь, на севере, погода всё время меняется: то ветер, то снег, то солнце.

Костя (поднимая воротник): По-моему, тут очень большая влажность, у нас в Москве суше. Но где же Марина и Аня?

Линда: Костя, тебя можно поздравить? Твоя мечта сбылась? Ты нашёл Марину?

Курт: А вот и Аня! Смотри, Костя, и Марина вместе с ней.

Аня (улыбаясь): Знакомьтесь, это Марина, моя подруга. А это Линда, Курт и Костя.

Марина: Очень приятно.

Линда и Курт: Нам тоже.

Костя: Марина, а мы с вами уже знакомы.

Марина: Да? Простите, я не помню... А где мы с вами встречались?

Костя: Мы с вами вместе ехали в поезде из Москвы.

Марина: Ах, да, конечно. Теперь я вспомнила.

Аня: Какая неожиданная встреча!

Курт: Мир тесен!

Линда: Марина, вы прекрасно играли!

Марина: Спасибо! Я так волновалась!

Костя: Марина, вы выступали великолепно!

Курт: Такой успех надо обязательно отметить. Зачем стоять под дождём, пойдёмте в кафе.

Аня и Марина: Нет, надо подождать Игоря.

Курт: А кто это?

Марина: Игорь — руководитель нашего ансамбля.

Аня: Он наш любимый преподаватель.

Марина: Известный скрипач.

Аня: Замечательный человек! Он создал наш коллектив.

Линда: Ансамбль у вас действительно замечательный!

Марина: Вот он идёт.

Аня и Марина: Игорь, мы здесь!

(Подходит Игорь.)

Аня: Познакомьтесь, пожалуйста, это Игорь. Игорь, это Линда, Костя и Курт.

Линда: Игорь? Борецкий?

Игорь: Линда? Не может быть! Вот это встреча! Что ты делаешь в Петербурге?

Линда: Я очень рада тебя видеть. Я не знала, что ты теперь живёшь здесь. Я приехала сюда на научную конференцию.

Игорь: На научную конференцию? Ты музыковед?

Линда: Нет, я физик.

Игорь: Ты что, бросила скрипку?

Линда: Нет, я играю для души, а занимаюсь физикой.

Игорь: Физикой? Как же так? Ты же прирождённый музыкант! *(Обращаясь ко всем):* Мы с Линдой вместе учились играть на скрипке.

Марина и Аня: Да-а-а?! Как это может быть?

Игорь: Это было, когда я жил с родителями в Лондоне.

Линда: Я тогда выучила русский язык, чтобы понимать Игоря и с ним разговаривать. А теперь русский мне очень пригодился.

Курт: Ну что ж, друзья... Игорь, мы сейчас собирались пойти в кафе. Как вы на это смотрите?

Игорь: Отлично. Пойдёмте в «Норд», если нет других предложений.

Аня: Пойдёмте. Во-первых, это недалеко, и потом, это очень приятное кафе.

(В кафе.)

Линда: Давайте сядем сюда.

Костя: Этот стол зарезервирован. Вот табличка.

Линда: Тогда за тот столик.

Официант: Добрый вечер. Вот меню.

Игорь: Что будем заказывать?

Марина: Мне — «Мечту».

Костя: Что это?
Марина: Это фирменное мороженое. Очень вкусное! Всем советую.
Аня: И кофе.
Официант: Слушаю вас.
Игорь: Шесть кофе и мороженое «Мечта» — шесть порций.
Курт: И две бутылки шампанского.
Линда: А я ещё хочу шоколадный коктейль.
Официант: Это всё?
Игорь: Всё, спасибо.
Курт (поднимает бокал): Первый тост я предлагаю за нашу встречу!

Костя: А потом давайте выпьем за успех Ани и Марины.
Игорь: Да, сегодня выступление было удачным.
Линда: Игорь, а ты давно переехал в Петербург?
Игорь: Относительно недавно. Года три назад. Я очень люблю этот город. Здесь я чувствую себя счастливым человеком.
Курт (поднимает бокал): За счастье!
Марина: Костя, а вы раньше бывали в нашем городе?
Костя: Нет, я впервые здесь.
Марина: Вам нравится?
Костя: Да. Но я ещё очень мало видел. Мы были только в Петергофе.
Марина: Вам понравилось?
Костя: Да, было очень интересно.
Марина: Конечно! Парк... Дворец... Фонтаны...
Костя: Какие фонтаны? Мы были в физической лаборатории.
Аня: Вы были в Петергофе и не побывали в Петродворце?
Курт: Мы спешили на концерт.
Костя: А на конференции у нас была очень насыщенная программа.

Аня: Нет, нельзя не побывать в музеях Павловска, в Петродворце[1] и Эрмитаже.

Линда: С чего вы советуете начать?

Аня: Я считаю, с Эрмитажа.

Марина: А я думаю, что, пока тепло и работают фонтаны, надо съездить в Петродворец.

Игорь: Или в Царское Село[2], там тоже чудесный парк.

Линда: А как туда доехать?

Курт (обращаясь к Ане): Может быть, вы нам покажете?

Игорь: Так, девушки, давайте-ка составим программу экскурсий для наших друзей. Вы здесь сколько пробудете?

Костя: Конференция продлится до пятницы.

Курт: Но мы с удовольствием остались бы ещё на два дня.

Линда: Чтобы познакомиться с достопримечательностями вашего великолепного города. Ведь, по общему утверждению, пригороды Петербурга не менее интересны, чем сам город.

Курт: Особенно если у нас будут такие очаровательные гиды.

Аня и Марина (смеются): Покажем, покажем, всё покажем!

Игорь: Хорошо. Какие у вас планы на завтрашний вечер?

Линда: У меня — никаких.

Костя: Мы освободимся примерно в четыре.

Игорь: На вечер я возьму билеты в Мариинский театр.

Марина: А до этого я провожу вас в Русский музей.

Костя: Отлично.

Линда: Спасибо.

Курт: А где встретимся?

Марина: Я предлагаю у входа в музей в половине пятого. Успеете?

Костя: Давайте чуть-чуть позже. Без пятнадцати пять. Можно?

Курт: Аня, а вы пойдёте с нами в музей?

Аня: К сожалению, нет. У нас с Игорем до шести репетиция. Но мы увидимся вечером в театре.

Марина: Значит, договорились? Без пятнадцати пять у входа в музей?

Костя: Прекрасно.

Аня: Давайте пойдём, а то уже поздно.

Игорь (официанту): Молодой человек, принесите счёт, пожалуйста.

---

[1] *Павловск, Петергоф (Петродворец)* — знаменитые пригороды Петербурга, где находятся всемирно известные дворцово-парковые ансамбли XVIII–XIX вв.

[2] *Царское село* — пригород Петербурга, в котором находятся дворцово-парковый ансамбль XVIII–XIX вв. и Царскосельский лицей, в котором учился великий русский поэт А.С. Пушкин.

(*На улице.*)

Игорь: В какой гостинице вы живёте?
Линда: В «Прибалтийской».
Аня: Это на Васильевском, недалеко от меня.
Костя: Марина, я вас провожу, если не возражаете. Где вы живёте?
Марина: Спасибо, Костя, не беспокойтесь.
Игорь: Мы с Мариной живём совсем рядом. Я её провожу.
Марина: Тем более что уже поздно, скоро метро закроется и разведут мосты.
Линда: Простите, что значит «разведут мосты»?
Игорь: В Петербурге, Линда, по ночам разводят мосты (*показывает жестом*). И тогда на Васильевский остров попасть невозможно.
Курт: Только на лодке.
Линда (смеётся): Понятно. (*смотрит на часы*): Но это значит, что вам надо торопиться.
Аня: Вы правы. Был очень приятный вечер.
Марина: Я очень рада знакомству.
Игорь: А я нашей встрече.
Линда: Я тоже.
Костя: До завтра, Марина.
Курт: Пошли?
Все: До свидания! До завтра! До встречи!

ЗАДАНИЯ

I

Подумайте и скажите:

1) Что вы можете рассказать о героях «Простой истории» — Косте, Курте, Линде, Ане, Марине и Игоре?
2) Сможете ли вы описать, как они выглядят? При затруднении используйте материал части 2 «Простой истории».
3) Как вы думаете, какой у каждого из них характер? Подтвердите своё мнение, используя текст.
4) Когда и где Костя познакомился с Мариной, Курт — с Аней, Игорь — с Линдой?

5) Почему Линда сказала: «Костя, тебя можно поздравить? Твоя мечта сбылась?»
6) Почему Курт предложил пойти в кафе?
7) Почему Игорь думал, что Линда — музыковед?
8) Почему Линда захотела выучить русский язык?
9) В какое кафе решили пойти наши герои? Почему? Где находится это кафе?
10) Что заказали друзья в кафе и почему?
11) За что они поднимали тосты в кафе?
12) Что вы можете сказать о выступлении Марины и Ани? (Используйте материал части 4 «Простой истории».)
13) Что вы узнали из текста о городе Петербурге и об отношении к нему его жителей?
14) Когда происходит действие «Простой истории» (зимой, весной, летом, осенью)?
15) Что будут делать герои завтра во второй половине дня?
16) Куда и зачем они пойдут завтра вечером?
17) Где находится гостиница «Прибалтийская»?
18) Почему ночью невозможно попасть на Васильевский остров?

II

Сделайте предположение о том, как будут развиваться отношения героев дальше. Используйте данные ниже слова и словосочетания:

станут друзьями,
останутся друзьями,
поженятся,
расстанутся,
поссорятся,
подружатся,

потеряют друг друга,
будут переписываться,
продолжат совместную работу,
будут поддерживать приятельские отношения (деловые контакты),
не будут поддерживать никаких отношений.

III

1. Что вы можете сказать о петербургской погоде?

2. Прочитайте сообщения о погоде и выберите из них те, которые могут характеризовать погоду Петербурга зимой, осенью, весной, летом.

1) Сегодня жарко, без осадков, ветер южный, температура в тени не ниже +37 градусов, на солнце — до +40—42 градусов. В последующие двое суток сухая, жаркая погода сохранится.

2) Завтра днём прохладно, переменная облачность, вероятность дождя — небольшая, температура — 16–18 градусов тепла.

3) Сегодня днём — облачная погода с прояснениями, местами кратковременный дождь, возможна гроза. Воздух прогреется до +13–15 градусов.

4) Сегодня и завтра по-прежнему холодно. Днём — минус 23–25. Снег, метель. Ветер северо-западный. Ночью — дальнейшее понижение температуры до минус 28–31 градуса.

5) В ближайшие дни сохранится холодная погода с заморозками в ночные часы, осадками, порывистым ветром. Температура понизится до 8–10 градусов тепла.

6) Завтра ожидается снег с дождём, на дорогах гололедица. Температура днём — 0 — минус 3, ночью до пяти градусов мороза.

3. Расскажите о погоде в вашем городе, используя данные слова и выражения:

- ✓ жарко, тепло, прохладно, холодно, морозно, ясно, солнечно, облачно, дождливо, ветрено;
- ✓ снег, дождь, туман, ветер, град, буря, гроза, шторм, тайфун, облака, тучи;
- ✓ бывает, сохраняется, ожидается (какая) дождливая погода;
  бывает (как) дождливо;
- ✓ температура понижается, повышается, сохраняется;
  идёт мокрый снег, идёт мелкий дождь;
  дует сильный ветер с моря, с гор;
  ложится туман по утрам, по вечерам;
  небо проясняется, небо затянуто тучами.

4. а) Прочитайте диалоги. Обратите внимание на выделенные выражения, передающие согласие, отказ, предложение, опасение.

1) — **Ты не хочешь пойти** сегодня на футбол?
   — **Пожалуй, нет**.
   — Почему?
   — **Боюсь, что** будет дождь.

2) — Ребята, **поедем** завтра на пляж!
   — А какая будет погода? Никто не слышал прогноз?
   — Обещали дожди и похолодание. А послезавтра — снова жарко и без осадков. Так что **лучше**, может быть, завтра пойти на выставку, а на пляж — в воскресенье?
   — **Пожалуй, да**.

б) Составьте и разыграйте аналогичные диалоги, используя выделенные выражения.

IV

1. Прочитайте ещё раз разговор друзей у входа в филармонию. Выпишите фразы, которые употребляются при знакомстве, желании вспомнить обстоятельства встречи, напомнить о себе.

2. Прочитайте ещё раз разговор Линды и Игоря при встрече. Выпишите выражения, передающие радость при встрече, недоумение, удивление.

3. Составьте и разыграйте подобные диалоги, используя выражения:

Познакомь(те) меня, пожалуйста (с кем);
Я хочу вас познакомить (с кем);
Очень приятно с вами познакомиться;
Очень рад/рада;

Кого я вижу! Как ты тут оказался?!
Какая приятная неожиданность!
Вот так сюрприз!
Вот это да!

Мы уже встречались.
Мы, кажется, знакомы.
Где мы могли встречаться?
Мы не встречались раньше?

V

1. Прочитайте ещё раз разговор в кафе при обсуждении меню.

2. Используя данные ниже материалы, составьте и разыграйте аналогичные диалоги в следующих ситуациях:

1) Вы вечером пришли в ресторан с человеком (подругой/другом), который вам нравится;
2) Вы зашли днём в кафе пообедать с коллегами;
3) Вы зашли с друзьями в кафе, чтобы переждать дождь.

Блюда, которые вы можете встретить в меню:

Закуски:	салат мясной, салат из овощей, икра (чёрная, красная), язык заливной, ассорти мясное, ассорти рыбное, сыр, грибы маринованные, винегрет;	Десерт:	мороженое с фруктами, мороженое с ликёром, коктейль цитрусовый, пирожное наполеон, пирожное «безе», пирожки сладкие, конфеты шоколадные, шоколад;
Первые блюда:	щи московские, борщ украинский, суп грибной, бульон куриный с яйцом, окрошка, свекольник, суп-пюре;	Напитки:	водка «Столичная», водка «Московская», коньяк французский, коньяк армянский, шампанское, вино столовое (красное, белое), ликёр, сок апельсиновый, сок яблочный, сок томатный, вода минеральная, квас, лимонад, морс ягодный.
Вторые блюда:	жаркое по-русски, шашлык из баранины, плов, котлета по-киевски, осетрина на вертеле, жюльен, яичница с ветчиной, сосиски с гарниром, овощное рагу;		

VI

1. Прочитайте ещё раз разговор друзей о достопримечательностях Петербурга.

2. Составьте план осмотра достопримечательностей вашего города для ваших друзей, которые приехали на три дня, на неделю, на месяц.

3. а) Прочитайте тексты о достопримечательностях Петербурга (при необходимости пользуйтесь словарём) и скажите, что бы вы предпочли посетить в первую очередь. Объясните своё решение.

Петропавловская крепость

День 16 мая 1703 года, когда началось строительство Петропавловской крепости, считается днём основания Петербурга. Главное сооружение архитектурного ансамбля крепости — Петропавловский собор, **построенный** в 1712–1733 годах. Колокольню собора венчает золочёный шпиль, **играющий** заметную роль в создании силуэта города. В соборе находятся могилы российских императоров. С XVIII века крепость служила политической тюрьмой. Сейчас в крепости действует филиал музея истории города.

Эрмитаж

Эрмитаж — крупнейший в стране и один из крупнейших в мире художественный и культурно-исторический музей. Музей занимает пять зданий на Дворцовой площади и Дворцовой набережной. Это здания бывшего Зимнего дворца — главной резиденции императоров России, и бывшего Эрмитажа — комплекса дворцовых зданий, **построенных** специально для размещения коллекции произведений искусства. Эрмитаж возник в 1764 году как частное собрание императрицы Екатерины Второй, а в1852 году был **открыт** для публичного посещения. Эрмитаж обладает богатейшими собраниями памятников первобытной, древневосточной, античной, средневековой культур. Особенную ценность представляет собрание скифских древностей. В составе коллекций западноевропейского искусства — произведения Леонардо да Винчи, Микеланджело, Тициана, Рембрандта, Рубенса, английских и французских живописцев. Коллекция Эрмитажа насчитывает около двух миллионов четырёхсот тысяч предметов искусства.

Исаакиевский собор

Исаакиевский собор — выдающийся памятник русской архитектуры первой половины XIX века. Наряду с Медным всадником, Петропавловской крепостью, шпилем Адмиралтейства он является одним из символов города на Неве. Собор представляет собой яркий пример синтеза архитектуры с другими видами монументального искусства: скульптурой, живописью, мозаикой. Посетители музея-памятника «Исаакиевский собор» после осмотра экспозиции могут подняться на колоннаду, **находящуюся** на высоте 42 метров, с которой открывается величественная панорама города.

Невский проспект

Невский проспект — главная магистраль города, олицетворение красоты Петербурга, уникальный памятник истории и культуры. Проспект, **протянувшийся** с запада на восток почти на 4,5 километра, — одна из старейших улиц города.

Уникальный ансамбль Невского проспекта сложился в первой трети XIX века — в период расцвета петербургского градостроительства. **Воспетый** в стихах и прозе, **запечатлённый** на многих картинах и гравюрах, он издавна воспринимался как своеобразный символ города. Его недаром называли душою Петербурга.

Русский музей

Русский музей Петербурга обладает самой большой в стране коллекцией произведений русского искусства — более 360 тысяч экспонатов. Собрание музея представляет русское искусство во всех его видах и жанрах — живопись, графика, скульптура, прикладное и народное творчество. Музей был **учреждён** в 1895 году и **открыт** в 1898 году в Михайловском дворце, **построенном** по проекту архитектора П.И. Росси в 1819–1885 годах. До 1917 года музей назывался «Русский музей Императора Александра III».

Летний сад

Летний сад — одна из широко известных достопримечательностей Петербурга — был **заложен** в 1704 году основателем города Петром Первым. Фонтаны Летнего сада были первыми в России. Из Венеции и Рима привозили сюда садово-парковую скульптуру. Большой ущерб Летнему саду нанесло наводнение 1777 года. Высокий подъём воды в Неве сопровождался ветром ураганной силы. Была полностью **уничтожена** фонтанная система, пострадали мраморные статуи, их стало меньше. До наших дней сохранился Летний дворец Петра Первого, **построенный** в Летнем саду в 1710–1712 годах. Всемирную известность имеет ажурная чугунная решётка Летнего сада, **установленная** в конце XVIII века.

Мариинский театр

В Петербурге насчитывается около 30 театров и концертных залов. Один из наиболее известных — Государственный академический театр оперы и балета — Мариинский театр. Театр был **основан** в 1783 году. Ему принадлежит выдающаяся роль в развитии русского оперного и балетного искусства. На его сцене ставил спектакли балетмейстер М.И. Петипа, пел Ф.И. Шаляпин, танцевала Анна Павлова. Традиции русского искусства на сцене театра продолжают многие знаменитые мастера оперы и балета.

б) Найдите в текстах предложения, эквивалентные данным ниже. Обратите внимание на различные формы выражения превосходной степени прилагательного.

1) Эрмитаж — самый крупный в стране и один из самых крупных в мире художественных и культурно-исторических музеев.
2) Эрмитаж обладает очень богатым собранием памятников первобытной, древневосточной, античной, средневековой культур.
3) Проспект, протянувшийся с запада на восток почти на 4,5 километра, — одна из самых старых магистралей города.
4) Русский музей Петербурга обладает величайшей в стране коллекцией произведений искусства — более 360 тысяч экспонатов.
5) Один из известнейших театров — Государственный академический театр оперы и балета — Мариинский театр.

4. а) Прочитайте тексты о достопримечательностях пригородов Петербурга.

Петергоф

Знакомясь с достопримечательностями Петербурга и его окрестностей, нельзя не побывать в Петергофе. Петергоф — это знаменитый дворцово-парковый ансамбль XVIII–XIX веков, который находится в 30 километрах от города на берегу Финского залива. Он начал создаваться в 1714 году под руководством Петра Первого как загородная царская резиденция. Центром ансамбля стал Большой дворец, **расположенный** на высоком холме и **объединяющий** Верхний и Нижний парки. Важнейшую часть ансамбля составляют 14 «регулярных» парков и крупнейший в мире комплекс фонтанов, в том числе Большой каскад с многочисленными статуями. Центральное сооружение каскада — фонтан «Самсон, **раздирающий** пасть льва», аллегория, **прославляющая** победу России над Швецией в Северной войне. Общая площадь парков Петергофа — около 1500 гектаров.

Царское Село

В двадцати пяти километрах к югу от Петербурга **расположено** Царское Село — обширный дворцово-парковый ансамбль XVIII—XIX веков. Центром ансамбля является Екатерининский дворец, **построенный** в 1756 году в стиле барокко по проекту архитектора Ф.Б. Растрелли. Фасад дворца, **поражающий** архитектурным великолепием, протянулся на 306 метров. В величественных формах дворца, в великолепии убранства его залов **воплощена** идея величия и могущества России. **Окружающие** дворец парки, создание которых началось в первой половине XVIII века, включают многочисленные павильоны и мемориальные сооружения.

С Царским Селом **связано** имя гениального русского поэта А.С. Пушкина, который с 1811 по 1817 год учился в Царскосельском лицее и неоднократно приезжал сюда в последующие годы. В 1900 году в лицейском саду был **установлен** памятник юному Пушкину, а в 1967 году во флигеле Большого Екатерининского дворца был **открыт** музей А.С. Пушкина. Невдалеке от дворца **расположены** музеи «Лицей» и «Дача А.С. Пушкина».

б) Убедите своих друзей посетить эти пригороды Петербурга, используйте информацию текстов.

5. Выпишите из текстов о достопримечательностях Петербурга и его пригородов полные и краткие причастия. Скажите (напишите), от каких глаголов они образованы.

6. Трансформируйте предложения.

О б р а з е ц: Мы были в крепости, построенной Петром Первым. — *Мы были в крепости, которую построил Пётр Первый.*

1) Это музей, основанный Екатериной Второй. _____

2) Летний сад — это небольшой парк, заложенный первым русским императором. _____

3) В Лицее, учреждённом Александром Первым, учился А.С. Пушкин. _____

4) Об одной из статуй, установленных в Царскосельском парке, А.С. Пушкин написал стихотворение. _____

5) Памятник Петру Первому, воспетый А.С. Пушкиным в поэме «Медный всадник», находится перед Исаакиевским собором. _____

7. Опираясь на композицию и лексику текстов из заданий VI. 3. и VI. 4., составьте описание одной из достопримечательностей вашего города. Познакомьте ваших друзей с этой достопримечательностью.

VII

1. Как вы поняли выражение *Аня не может не понравиться Косте*?

2. Выпишите из текста выражения с двойным отрицанием.

 ОБРАТИТЕ ВНИМАНИЕ, что двойное отрицание передаёт позитивное значение, например: *Я не могу не согласиться с вами. = Я согласен с вами.*

3. Замените высказывания синонимичными.

а) О б р а з е ц: Я не могу не сказать об этом. —
 Я обязательно должен сказать об этом.

1) Я не мог не встретиться с вами.
2) Игорь и Аня не могли не пойти на репетицию.
3) Линда не могла не узнать Игоря.
4) Вы не можете не посетить Эрмитаж.

б) О б р а з е ц: Нельзя не побывать в этих музеях. —
 Обязательно нужно побывать в этих музеях.

1) Нельзя не посмотреть этот балет.
2) Нельзя было не отметить успех Ани и Марины.
3) Нельзя не побывать в Петергофе.
4) Нельзя не учить новые слова.

VIII

 Замените предложения или их выделенные части синонимичными, используя безличные конструкции:

можно; можно было;	
надо/нужно;	+ инфинитив
хотеть/хочется	

О б р а з е́ ц: **Мы хоти́м** пойти́ в Ру́сский музе́й. —
Нам хо́чется пойти́ в Ру́сский музе́й.

1) **Мы могли́ предположи́ть**, что Ли́нда увлечена́ Ку́ртом.
2) Ко́стя, **я могу́** тебя́ **поздра́вить**?
3) **Мы должны́ торопи́ться.**
4) **Друзья́ хоте́ли** пое́хать в Петерго́ф.
5) **Друзья́ должны́ бы́ли** посети́ть лаборато́рию.

IX

Замени́те вы́деленные констру́кции синоними́чными, испо́льзуя слова́ для спра́вок.

О б р а з е́ ц: **Я ду́маю**, Петербу́рг о́чень краси́вый го́род. —
По-мо́ему, Петербу́рг о́чень краси́вый го́род.

1) **Мари́я Ива́новна ду́мает**, что А́ня — про́сто краса́вица.
2) **Мне ка́жется**, в Петербу́рге о́чень больша́я вла́жность.
3) **Все утвержда́ют**, что при́городы Петербу́рга не ме́нее **интере́сны, чем сам го́род**.
4) **Все чле́ны жюри́ единоду́шно реши́ли**, что зва́ние лауреа́та должно́ быть присво́ено И́горю Боре́цкому.
5) **Ко́стя счита́ет**, что Мари́на — са́мая краси́вая де́вушка на све́те.

С л о в а́   д л я   с п р а́ в о к: по-мо́ему, по мне́нию Мари́и Ива́новны, по мне́нию Ко́сти, по единоду́шному реше́нию чле́нов жюри́, по всео́бщему утвержде́нию.

X

Допо́лните фра́зы глаго́лами СВ и́ли НСВ в ну́жной фо́рме.

1) *успева́ть — успе́ть*

Друзья́ спеши́ли на конце́рт и не _____ посмотре́ть фонта́ны Петерго́фа.

Ко́стя всегда́ хорошо́ плани́ровал своё вре́мя и поэ́тому _____ мно́го сде́лать.

2) *приглаша́ть — пригласи́ть*

Арти́сты лю́бят _____ друзе́й на свои́ выступле́ния.

Я хочу́ _____ вас в теа́тр.

3) *встреча́ться — встре́титься*

Ли́нда и И́горь _____ в Петербу́рге по́сле до́лгих лет разлу́ки.
До э́того они́ _____ в Ло́ндоне.

4) *быва́ть — побыва́ть*

Курт _____ в Петербу́рге не́сколько раз.
Ли́нда ра́да, что _____ на конце́рте в филармо́нии.

XI

Дополните фразы подходящими по смыслу словами и выражениями в нужной форме. Используйте слова для справок.

Аня и Марина _____ Игоря за его человеческие и профессиональные качества. Курт _____ Аней, в которую он _____ с первого взгляда. Её красота и дружелюбие _____ на него. Косте Аня тоже _____, но _____ он Марину.

Слова для справок: нравиться — понравиться, уважать, влюбиться, произвести большое впечатление, увлечён(-á), любить.

XII

1. Вы помните, что Линда — молодой учёный-физик, и скрипач Игорь познакомились в Лондоне, когда были детьми. Как вы думаете, кем работают родители Игоря? Проверьте своё предположение, прочитав текст.

В семье Борецких четыре человека: отец, Дмитрий Васильевич, мама — Екатерина Григорьевна, Игорь и его старшая сестра Наташа.

Отец Игоря — дипломат. Он **побывал** во многих странах мира: **был** в Индии, в Австралии, в Канаде, в США, в Новой Зеландии... В Англии он **бывал** несколько раз, а последний раз — с семьёй. Тогда Борецкие **пробыли** в Лондоне шесть лет. Там Игорь и познакомился с Линдой. Екатерина Григорьевна — экономист и опытный бухгалтер. Сестра Игоря Наташа — известный детский врач.

2. Запомните, что слова мужского рода, обозначающие традиционно мужские профессии, употребляются и по отношению к работающим женщинам: **Она известный хирург. Моя мама хороший инженер.**

3. а) Обратите внимание на выделенные глаголы. В каких ситуациях они употребляются? Проверьте себя по таблице.

один раз	несколько раз	долгое время
побывать	бывать	пробыть
БЫТЬ		

б) Составьте свои примеры с этими глаголами.

4. Напишите полные имена (с отчеством) Игоря и его сестры. При затруднении обратитесь к материалам части 1 «Простой истории».

XIII

Дополните диалоги подходящими по смыслу вводными словами и выражениями: **к сожалению, по-моему, конечно, во-первых, во-вторых, и потом**.

1) — Ты не хочешь сегодня вечером пойти в театр?
   — _____, вечером я занята: у меня репетиция.

2) — _____, Марина, вам и Ане Игорь очень нравится.
   — _____, Линда, как же иначе? _____, он наш любимый преподаватель, _____, руководитель нашего ансамбля, _____, он замечательный человек.

XIV

Читая диалоги «Простой истории», вы заметили, что для разговорного стиля речи характерны некоторые особенности употребления слов, выражений, конструкций. Познакомьтесь с комментариями, проверьте, правильно ли вы поняли значение выделенных слов и выражений.

а) Аня **просто** красавица. Линда **просто** умница. Ты **просто** ничего не понял. — В данных контекстах *просто* употреблено в значении «действительно, на самом деле».

б) Погода **всё время** меняется. Костя **всё время** вспоминал Марину. — Выражение *всё время* в подобных контекстах значит «часто, постоянно».

в) Давайте пойдём, **а то** уже поздно. — ... *а то* в данном контексте значит «потому что».

г) **Смотрите**, дождь. **Смотри**, Костя, и Марина вместе с ней. **Слушайте**, что я вам расскажу. — Слова *смотрите, слушайте* часто используются в диалоге для привлечения внимания собеседника.

д) **Ну что ж**, друзья... **Значит**, договорились? — Данные выражения подводят итог разговору на определённую тему.

е) **Ты что, бросила** скрипку? — Выражение *ты что* передаёт удивление, недоумение, уточнение. Глагол *бросить* в данном контексте имеет значение «перестать делать что-либо». Сравните: *бросить курить, бросить пить, бросить рисовать. Бросить скрипку* — «перестать играть на скрипке», *бросить спорт* — «перестать заниматься спортом», *бросить живопись* — «перестать заниматься живописью».

ё) **Тебя можно поздравить?** — Данное выражение передаёт значение самого поздравления.

ж) **Зачем стоять под дождём**, пойдёмте в кафе. — Данное выражение имеет значение «не нужно стоять под дождём», передаёт неудовлетворённость ситуацией (или несогласие с предложением или действием собеседника), является объяснением причины высказываемого альтернативного мнения, предложения. Сравните: *Зачем терять время, начнём осматривать город завтра. Зачем делать лишнюю работу, давайте сразу писать.*

XV

Вы, наверное, обратили внимание, что наши герои часто обращаются друг к другу, предлагая сделать что-либо.

а) Выпишите из текста все встретившиеся в нём формы предложения и напишите возможные ответы на них (согласие/несогласие, альтернативное предложение).

б) Сравните ваши результаты с данными в таблице:

Предложение	Ответы на предложение
1) Зачем стоять под дождём, пойдёмте в кафе.	1) Отлично. / Нет, надо подождать Игоря. / Лучше давайте войдём в здание филармонии.
2) Игорь, мы собирались пойти в кафе. Как вы на это смотрите?	2) К сожалению, я спешу. / Великолепная идея. С удовольствием присоединюсь к вам.
3) Пойдёмте в «Норд», если нет других предложений.	3) Пойдёмте! / Лучше в «Садко»: это ближе. / Мне не нравится это кафе.
4) Давайте сядем сюда.	4) Давайте. / Этот стол зарезервирован. / Я хочу сидеть ближе к оркестру.
5) Так, девушки, давайте-ка составим программу экскурсий для наших друзей!	5) С удовольствием. / Пусть лучше они сами скажут, что они хотят посмотреть. / Давайте.
6) Я провожу вас в Русский музей.	6) Спасибо. / Прекрасно. / Хорошо. / Это очень мило с вашей стороны.
7) Я предлагаю встретиться у входа в музей в половине пятого.	7) Договорились. / Хорошо. / Давайте чуть-чуть позже.
8) Марина, я вас провожу, если вы не возражаете.	8) Большое спасибо. / Спасибо, Костя, не беспокойтесь.
9) Пошли?	9) Идём. / Подожди минутку. / Сейчас, только сумку возьму.

XVI

1. Находясь в кафе, друзья произносят тосты. Выпишите из текста три прозвучавших тоста.

2. Обратите внимание на часто используемую во время произнесения тостов конструкцию:

(Выпьем) ЗА + винительный падеж существительного
За ваше здоровье! За новую жизнь!

Обычно в тосте выражается:
а) какое-либо пожелание: *За дальнейшие творческие успехи!*
б) радость в связи с каким-либо событием: *За окончание школы! За победу!*
в) прославление человека: *За Машу! За Максима! За вас, друзья!*

3. ОБРАТИТЕ ВНИМАНИЕ, что когда люди произносят тост — они говорят **ЗА здоровье!** а выражение *на здоровье* употребляется в качестве ответа на благодарность за угощение:

— Большое спасибо, всё было очень вкусно!
— На здоровье! Я рада, что вам понравилось.

4. Нередко тост начинается как рассуждение или небольшая история, притча, анекдот, которые завершаются собственно тостом. Например:

Хороший друг как ветер: приносит счастье и радость, уносит горе и беду. Так давайте выпьем за то, чтобы вокруг нас всегда было ветрено!

5. Знаете ли вы традиционные русские тосты?

6. Существует ли традиция произносить тосты в вашей стране?

XVII

1. Выпишите из текста формы комплиментов и похвалы.

2. Сделайте комплимент:

   1) другу-музыканту/подруге-певице, удачно выступившему(-ей) на концерте;
   2) хозяйке, приготовившей вкусные блюда;
   3) брату, отлично сдавшему экзамен.

XVIII

Вы, наверное, поняли, что наша история подходит к концу. Как вы думаете, чем она закончится?

Вы узнаете это, прочитав окончание «Простой истории».

КЛЮЧИ

VI. 5. построенный — построить; играющий — играть, открыт — открыть; находящуюся — находиться; протянувшийся — протянуться; воспетый — воспеть; запечатлённый — запечатлеть; учреждён — учредить; заложен — заложить; уничтожена — уничтожить; установленная — установить; основан — основать; расположенный — расположить; объединяющий — объединять; раздирающий — раздирать; прославляющая — прославлять; поражающий — поражать; воплощена — воплотить; окружающие — окружать; связано — связать; установлен — установить.

VI. 6. 1) ..., который основала Екатерина Вторая. 2) ..., который заложил первый русский император. 3) ..., который учредил Александр Первый. 4) ..., которую установили в Царскосельском парке... . 5) ..., который воспел А.С. Пушкин...

VII. 3. а. 1) Я обязательно должен был встретиться с вами. 2) Игорь и Аня обязательно должны были пойти на репетицию. 3) Линда обязательно должна была узнать Игоря. 4) Вы обязательно должны посетить Эрмитаж.

VIII. 1) Можно было предположить, что... . 2) ...тебя можно поздравить? 3) Нам нужно торопиться. 4) Друзьям хотелось ... . 5) Друзьям нужно было посетить... .

X. 1) успели, успевал; 2) приглашать, пригласить; 3) встретились, встречались; 4) бывал, побывала.

XI. уважают; увлечён, влюбился; произвели большое впечатление; нравится, любит.

XIII. Слова и выражения даны в упражнении в том порядке, в котором их следует вставить в диалоги.

ЧАСТЬ 6

ПОЗДРАВЛЯ́ЕМ С ДНЁМ РОЖДЕ́НИЯ!

Дороги́е друзья́! Вот и подхо́дит к концу́ «проста́я исто́рия» о Ко́сте Архи́пове. Наде́емся, вы не забы́ли, что Ко́стя Архи́пов — учёный-фи́зик из Москвы́, прие́хал в командиро́вку в Петербу́рг на нау́чную конфере́нцию.

Ко́сте уже́ 30 лет, но он ещё не жена́т. Его́ ма́ма, Мари́я Ива́новна, беспоко́ится, что Ко́стя не же́нится никогда́, поэ́тому она́ реши́ла познако́мить Ко́стю с до́черью свое́й петербу́ргской подру́ги Ири́ны Миха́йловны Ивано́вой, о́чень симпати́чной де́вушкой Аней. Аня — студе́нтка консервато́рии; вме́сте со свои́ми роди́телями она́ живёт в Петербу́рге.

Ещё до встре́чи с Аней (в по́езде «Москва́-Петербу́рг») Ко́стя познако́мился с о́чень краси́вой де́вушкой — Мари́ной, в кото́рую он влюби́лся с пе́рвого взгля́да. Случа́йно Ко́стя потеря́л Мари́ну, но ду́мал о ней всё вре́мя. И — неожи́данная встре́ча молоды́х люде́й произошла́ на конце́рте в филармо́нии.

На конфере́нции Ко́стя встре́тился со свои́м бы́вшим одноку́рсником Ку́ртом. Курт познако́мил Ко́стю с Ли́ндой. Друзья́ удиви́лись, что англича́нка Ли́нда о́чень хорошо́ владе́ет ру́сским языко́м. По́зже вы́яснилось, что Ли́нда увлека́ется му́зыкой и когда́-то учи́лась игра́ть на скри́пке вме́сте с ру́сским ма́льчиком И́горем. Она́ вы́учила ру́сский язы́к, что́бы разгова́ривать с И́горем и лу́чше его́ понима́ть. Сейча́с И́горь — изве́стный музыка́нт, руководи́тель анса́мбля студе́нтов консервато́рии.

На встре́чу с А́ней Ко́стя отпра́вился вме́сте с Ку́ртом и Ли́ндой. А́ня произвела́ на Ку́рта большо́е впечатле́ние. Он сказа́л Ко́сте, что А́ня — э́то мечта́ его́ жи́зни. А́ня пригласи́ла свои́х но́вых знако́мых на конце́рт студе́нтов консервато́рии. По́сле конце́рта произошла́ встре́ча друзе́й с Мари́ной и И́горем. Петербу́ржцы реши́ли показа́ть гостя́м свой го́род и его́ окре́стности.

В э́ти дни А́нина ма́ма, Ири́на Миха́йловна Ивано́ва, гости́ла у свое́й подру́ги Мари́и Ива́новны в Москве́. Подру́ги бы́ли о́чень удивлены́, когда́ А́ня позвони́ла Ири́не Миха́йловне и сказа́ла: «Ма́ма, оди́н молодо́й челове́к сде́лал мне предложе́ние». В тот же день Мари́я Ива́новна получи́ла от Ко́сти сообще́ние: он сообща́л, что заде́ржится в Петербу́рге по́сле оконча́ния конфере́нции. Взволно́ванные э́тими новостя́ми Ири́на Миха́йловна и Мари́я Ива́новна реши́ли вме́сте пое́хать в Петербу́рг, тем бо́лее что приближа́лся день рожде́ния А́ни.

(*Мари́я Ива́новна и Ири́на Миха́йловна в Петербу́рге, в кварти́ре Ивано́вых.*)

Мари́я Ива́новна: Я зна́ла, что А́нечка не могла́ не понра́виться моему́ Ко́сте. Мы с тобо́й тепе́рь без пяти́ мину́т ро́дственники! Как ты себя́ представля́ешь в ро́ли Ко́стиной тёщи?

Ири́на Миха́йловна: Ма́шенька, по-мо́ему, ты сли́шком торо́пишься. Почему́ ты уве́рена, что Ко́стя реши́л жени́ться?

Мари́я Ива́новна: Я зна́ю своего́ сы́на! Что́бы мой педанти́чный сын вдруг измени́л свои́ пла́ны, должно́ случи́ться что́-нибудь необыкнове́нное!

Ири́на Миха́йловна: Ну почему́ необыкнове́нное? Мо́жет быть, ему́ про́сто захоте́лось погуля́ть, отдохну́ть... Вполне́ есте́ственно для молодо́го челове́ка.

Мари́я Ива́новна: Что ты, И́ра, ты его́ не зна́ешь! Ко́стя тако́й споко́йный, уравнове́шенный, разу́мный... Он всегда́ плани́рует свою́ жизнь. У него́ не быва́ет «про́сто захоте́лось»! Вот бу́дет твои́м зя́тем — уви́дишь!

Ири́на Миха́йловна: Ну ла́дно. Но е́сли они́ действи́тельно поже́нятся, то жить бу́дут у нас.

Мари́я Ива́новна: Как? Мой сын бу́дет жить в друго́м го́роде?

Ири́на Миха́йловна: Коне́чно. У нас четырёхко́мнатная кварти́ра. Заче́м вам всем тесни́ться в малогабари́тной?

Мари́я Ива́новна (смо́трит из окна́ на у́лицу): И́ра, иду́т! Иду́т! Вон, смотри́, А́ня, а с ней высо́кая темноволо́сая де́вушка.

Ири́на Миха́йловна: Э́то Мари́на, её подру́га.

(*А́ня и Мари́на вхо́дят в кварти́ру, у них в рука́х су́мки с проду́ктами.*)

А́ня: Ма́мочка! Приве́т! Здра́вствуйте, тётя Ма́ша! С прие́здом!

Марина: Здравствуйте!

Аня: Тётя Маша, познакомьтесь, это Марина, моя лучшая подруга. Марина, это Мария Ивановна, мамина подруга из Москвы, мама Кости.

Марина: Очень приятно.

Мария Ивановна: А я вас помню, Марина. Я вас видела на концерте студентов консерватории в прошлом году. Вы замечательно играли.

Марина: Спасибо.

Ирина Михайловна: Аня, я не поняла, что ты мне сказала по телефону? Ты собираешься замуж?

Аня: Я ещё не решила. Потом поговорим, сейчас некогда, уже четыре, а в шесть придут гости. Мы купили всё, что нужно.

Ирина Михайловна: Молодцы. Тогда вы с Мариной накрывайте на стол, а мы с Машей быстро всё приготовим.

Мария Ивановна: Анечка, но сначала я хочу поздравить тебя с днём рождения! Расти большая, умная и красивая! И желаю тебе большого-большого счастья! Вот, это тебе (*передаёт Ане подарок*).

Аня: О! Большое спасибо!

Мария Ивановна: Носи на здоровье!

Ирина Михайловна: Девочки! Уже четверть пятого! Накрывайте на стол! Аня, стелите белую скатерть, ставьте тарелки, рюмки, кладите приборы.

(*Звонок в дверь.*)

Мария Ивановна (удивлённо): Уже гости?

Аня: Это, наверное, Линда. Она хотела прийти пораньше, чтобы помочь.

(*Аня открывает дверь. Входят Линда и Сергей Николаевич, Анин папа. Он в форме капитана торгового флота.*)

Линда: Здравствуйте!

Сергей Николаевич: Милые дамы! Я вас всех приветствую!

Аня: Папа! Ты приехал!

Ирина Михайловна: Серёжа! Как хорошо! Ты всё-таки успел! Я не думала...

Сергей Николаевич: Как же иначе! Я не мог не приехать на день рождения единственной дочери! С днём рождения тебя, Анюта! Будь счастливой! Пусть у тебя будет интересная жизнь, и все желания сбываются!

Аня: Спасибо, папа.

Линда: Аня, я тоже поздравляю тебя с днём рождения! Я тебе желаю много радости в жизни и, главное, больших успехов на сцене! Вот мой маленький подарок (*даёт Ане диск*). На этом диске — запись самого известного лондонского оркестра. А это — альбом «Великобритания». У нас, как и в Петербурге, много красивых парков и старинных замков.

Аня: Огро́мное спаси́бо! Я о́чень тро́нута.

Серге́й Никола́евич: А э́то мои́ пода́рки: оди́н — традицио́нный из Фра́нции, а второ́й...

(*Серге́й Никола́евич снима́ет шаль с кле́тки, в кото́рой сиди́т попуга́й.*)

Аня: Ой! Па́па! Ты не мог не приду́мать како́го-нибудь сюрпри́за!

Попуга́й: Сюр-р-р-пр-р-р-и́з! Сюр-р-р-пр-р-р-и́з! Поздр-р-равля́ю!

(*Все смею́тся.*)

Ли́нда: Аня, пока́ я не забы́ла, Курт и Ко́стя проси́ли переда́ть, что они́ заде́ржатся: сего́дня закры́тие конфере́нции и у них мно́го организацио́нной рабо́ты. Они́ сказа́ли, чтобы начина́ли без них. А Игорь ско́ро придёт.

Аня: Хорошо́. Па́почка, ты иди́ отдыха́й. Ли́нда, ты не помо́жешь ма́ме на ку́хне?

Ли́нда: Коне́чно! С удово́льствием! Я давно́ хочу́ научи́ться гото́вить како́е-нибудь ру́сское блю́до. (*Ухо́дят на ку́хню.*)

Ири́на Миха́йловна (шёпотом): Серёжа, ты зна́ешь но́вость? Ане́чка собира́ется выходи́ть за́муж!

Серге́й Никола́евич: За И́горя?

Ири́на Миха́йловна: Не зна́ю, она́ не сказа́ла, но Ма́ша уве́рена, что за Ко́стю.

Серге́й Никола́евич: За Ко́стю?!

Ири́на Миха́йловна: Да, её мла́дшего сы́на.

(*Звоно́к в дверь.*)

Аня (из ко́мнаты): Это, наве́рное, Игорь. То́си всегда́ так ра́достно ла́ет, когда́ он прихо́дит.

Ири́на Миха́йловна (открыва́ет дверь): До́брый день, Игорь, входи́те, пожа́луйста.

Игорь: Здра́вствуйте! Ири́на Миха́йловна, Серге́й Никола́евич, поздравля́ю вас! Аня, разреши́ поздра́вить с днём рожде́ния и — ещё раз — с прекра́сным выступле́нием. (*Игорь передаёт Ане цветы́ и целу́ет её.*)

Ири́на Миха́йловна: Игорь, у вас сего́дня тако́й счастли́вый вид!

Игорь: Да? Возмо́жно. Я наде́юсь, ско́ро в мое́й жи́зни произойду́т больши́е измене́ния.

Ири́на Миха́йловна: Каки́е же, е́сли не секре́т?

Игорь: Да вот, е́сли ничего́ не случи́тся, ско́ро пое́ду с конце́ртами в Англию.

Ири́на Миха́йловна: Прими́те мои́ поздравле́ния!

Серге́й Никола́евич (в гости́ной): Игорь! Не помо́жете мне передви́нуть дива́н?

Игорь: С превели́ким удово́льствием!

(*На ку́хне.*)

Мари́я Ива́новна: Так, о́чень хорошо́, Ли́нда, а тепе́рь ну́жно укра́сить сала́т зе́ленью. Иро́чка, ты поре́жешь помидо́ры? А я пока́ поста́влю пироги́ в духо́вку. Мари́на, отнеси́те сту́день[1] и хрен на стол; и захвати́те горчи́цу.

---

[1] *Сту́день* (холоде́ц) — традицио́нное ру́сское блю́до, мясна́я холо́дная заку́ска.

Ирина Михайловна: Кажется, опять звонят. Анечка, кто-то пришёл!

(*В прихожей.*)

Гости: Здравствуй, Аня! Привет! Анечка, поздравляем с днём рожденья! Желаем здоровья, счастья! Успехов! И на сцене, и в жизни!

Аня: Спасибо, спасибо, ребята! Раздевайтесь, проходите!

(*В столовой.*)

Ирина Михайловна: Всё уже готово. Пора к столу.
Сергей Николаевич: Прошу! Садитесь! Чувствуйте себя как дома!
Гости (рассаживаются): Спасибо. Какой стол!
Игорь: В вашей семье я всегда чувствую себя как дома. Давайте я открою шампанское.
Ирина Михайловна: Угощайтесь! Берите рыбу, салат, попробуйте пирожки.
Гости: Вам положить заливное[1]? Передайте винегрет[2], пожалуйста! Вы не дадите хлеба? Можно рукой. Всё очень вкусно! Ирина Михайловна, вы такая замечательная хозяйка!
Ирина Михайловна: Это Мария Ивановна и Линда всё приготовили.
Игорь: Первый тост я предлагаю за именинницу! Я хочу сказать, что Аня — не только умница, красавица и чудесная дочь, но и украшение нашего ансамбля! Оставайся всегда такой, какая ты есть!
Все (поднимают бокалы): За тебя, Аня! Поздравляем!

(*Звонок в дверь.*)

Аня: Это, наверное, Курт. (*Аня идёт открывать дверь.*)
Ирина Михайловна: Какой Курт?
Линда: Это должны быть Курт и Костя.

(*Курт и Костя входят в столовую вместе с Аней.*)

Курт и Костя: Добрый день! Извините за опоздание!
Аня: Ничего страшного. Садитесь.
Курт: Спасибо.
Костя (обращаясь к Марии Ивановне): Мама? Какой сюрприз!

---

[1] *Заливное* — заливной язык, заливная рыба, заливное мясо — традиционная русская холодная закуска: кусочки варёного языка, рыбы или мяса в желе на основе бульона.

[2] *Винегрет* — традиционный русский салат на основе свёклы.

Мария Ивановна: Вот, приехала поздравить Анечку с днём рождения.

Курт: Как я понимаю, за именинницу вы уже выпили, поэтому предлагаю второй тост — за родителей. Ирина Михайловна и Сергей Николаевич! Я хочу вас поблагодарить за то, что вы вырастили такую прекрасную дочь! Я надеюсь, что у меня будет возможность ближе с вами познакомиться. Кстати, Аня, я хотел бы получить ответ на своё предложение. Какой будет ответ, а?

Аня: Скорее да, чем нет. Выпьем за моих маму и папу!

Ирина Михайловна: Что вы имеете в виду? Какое предложение?

Курт: Дело в том, что я сделал Ане предложение стать моей женой, и, как вы слышали, она почти согласилась.

Ирина Михайловна: Как же...

Сергей Николаевич: Ирочка, это мы позже обсудим. (*Встаёт с бокалом в руках*): Я вижу, за этим столом собрались молодые, весёлые, энергичные люди. Я предлагаю следующий тост за друзей Ани!

Костя (встаёт, поднимает бокал, смотрит на Марину): Я очень хочу выпить за Аниных друзей. У Ани такие замечательные друзья... Марина — ты прекрасная подруга... Ты прекрасная и удивительная девушка... Я прошу тебя быть моей женой!

Марина: Это так неожиданно. Не знаю... Я согласна!

Все: Вот это да! Здорово! Вот так сюрприз! Поздравляем! Ура!

Ирина Михайловна (говорит Марии Ивановне): Маша, ты была права, Костя действительно решил жениться.

Сергей Николаевич: Похоже, что скоро будет две свадьбы.

Игорь (обнимает Линду): А может быть и три.

Все (встают с бокалами в руках): За любовь!!!

ЗАДАНИЯ

I

1. Подумайте и скажите:

   а) Кто по профессии Костя? Сколько ему лет? Из какого он города?
   б) О чём беспокоилась мама Кости Мария Ивановна?
   в) Что она решила сделать, когда узнала, что Костя поедет в Петербург?
   г) Где учится Аня? Где она живёт?
   д) Где Костя познакомился с Мариной? Какое впечатление она на него произвела? Что случилось потом?
   е) Где произошла вторая встреча Кости и Марины?
   ё) Где учится Марина?
   ж) В каких отношениях Аня и Марина?
   з) Где Костя встретил Курта и Линду?
   и) Когда познакомились Костя и Курт?
   й) Когда Линда познакомилась с Игорем?
   к) Почему Линда хорошо владеет русским языком?
   л) Чем занимается Игорь сейчас?
   м) Как Курт познакомился с Аней? Какое впечатление она на него произвела?
   н) На какой концерт пригласила друзей Аня?
   о) Что случилось после концерта?
   п) Где находилась в эти дни мама Ани Ирина Михайловна?
   р) Что сказала Аня маме по телефону?
   с) Какое сообщение послал Костя своей маме Марии Ивановне?
   т) Почему Ирина Михайловна и Мария Ивановна решили срочно поехать в Петербург?
   у) Почему Мария Ивановна решила, что Костя хочет жениться на Ане?
   ф) Что предположил папа Ани Сергей Николаевич, когда узнал, что Аня собирается **выходить замуж**?
   х) В какой день Ирина Михайловна и Мария Ивановна приехали в Петербург?
   ц) Как готовились к **празднованию** дня рождения Ирина Михайловна, Мария Ивановна, Аня и Марина?
   ч) Как им помогали Линда и Игорь?
   ш) Когда должны были прийти гости? Почему Линда пришла раньше? Во сколько она пришла? Когда пришли Игорь, Курт и Костя? Почему Курт и Костя задержались?
   щ) Как зовут папу Ани? Кем он работает?
   ъ) С чем поздравил Игорь Аню, её родителей?
   ы) Какие подарки получила Аня на день рождения?
   ь) Почему Игорь выглядел счастливым в этот день?
   э) На ком решил жениться Костя? Что он сказал Марине за столом?
   ю) Приняла ли Марина предложение Кости?
   я) Какие три свадьбы, может быть, состоятся вскоре?

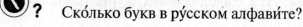 Сколько букв в русском алфавите?

2. Если вы внимательно прочитали текст «Простой истории», то вы сможете правильно ответить на вопросы.

1) Сколько дочерей в семье Ивановых?
2) Костя — единственный сын Марии Ивановны или нет?
3) На каком музыкальном инструменте умеет играть Линда?
4) Любят ли животных в семье Ивановых?
5) Часто ли Игорь бывал в гостях у Ани?
6) Кто по профессии Курт?

II

Что вы можете рассказать о внешности, профессии, увлечениях, семье, обстоятельствах жизни каждого из героев «Простой истории»: Кости, Ани, Курта, Марины, Линды, Игоря, Марии Ивановны, Ирины Михайловны, Сергея Николаевича. (При подготовке рассказа используйте материалы всех шести частей «Простой истории).

III

1. Как вы помните, у Ивановых четырёхкомнатная квартира на Васильевском острове в Петербурге. Они переехали в эту квартиру недавно. Квартира просторная, с удобной планировкой. Окна кухни и гостиной смотрят на юго-восток, а комната Ани, спальня родителей и кабинет Сергея Николаевича выходят на юго-запад, поэтому большую часть дня в квартире солнечно. Кухня в квартире большая, поэтому в обычные дни семья обедает там. Но когда приходят гости, все, конечно, собираются в гостиной. Сегодня у Ани много гостей, и хозяева готовятся к их приёму. Сергей Николаевич вынес журнальный стол и два кресла из гостиной и поставил их в холле. Вместе с Игорем они передвинули диван от стены к окну, сдвинули вместе сервант и буфет и переставили обеденный стол от стены на середину комнаты. Вокруг стола они расставили стулья, которые принесли из всех комнат. Но стульев не хватило, поэтому пришлось принести из кухни две табуретки. Тумбочку с телевизором отодвинули в угол. Картину — подарок Игоря — повесили в гостиной над пианино.

2. Нарисуйте план квартиры Ивановых.

3. Опишите, как стояла мебель в гостиной раньше и как она стоит сейчас.

4. Как вы думаете, как выглядят остальные комнаты в квартире. При ответе используйте следующие слова:

кровать, тумбочка, трюмо, платяной шкаф (гардероб), кресло-качалка, письменный стол, секретер, книжный шкаф, книжные полки, настольная лампа, бра, торшер, люстра, музыкальный центр, ковёр,

кресло, настенные часы, софа, стеллаж, стул, буфет, сервант, журнальный стол.

5. Как вы думаете, какая квартира у Архиповых? Что значит «малогабаритная квартира»?

6. Часто ли в вашей стране семьи детей и родителей живут вместе?

7. Опишите свою квартиру.

IV

1. Вы помните, что Мария Ивановна и Линда помогали Ирине Михайловне готовить праздничный обед. Линда сказала, что она давно хотела научиться готовить русские национальные блюда. Прочитайте три рецепта из русской национальной кухни.

Борщ мясной

Нарезать небольшими кусочками 0,5 кг говядины. Залить её холодной водой и варить до мягкости. Бульон посолить, положить в него 0,25 корня сельдерея, одну-две морковки, один-два корня петрушки. Взять половину свёклы средних размеров, нарезать кубиками, положить на сковороду и тушить на маленьком огне в небольшом количестве воды. Половину небольшого кочана капусты мелко нарезать и добавить к свёкле. Когда овощи будут почти готовы, опустить их в бульон и прибавить 3—4 картофелины, нарезанные кубиками, 2 лавровых листика и, по желанию, 2—3 ломтика лимона. Борщ довести до готовности. Затем заправить одним-двумя яйцами и 0,5 стакана кислого молока (или 2—3 ложки уксуса). Посыпать чёрным перцем и мелко нарезанной петрушкой и подать.

Рыба с соусом по-русски

Берут 1 кг рыбы (щука, камбала, осётр, стерлядь), очищают от кожи и костей, нарезают на порционные куски и укладывают в кастрюлю, в которой она будет тушиться. Между рядами рыбы кладут морковь, лук, сельдерей и свежие грибы, нарезанные тонкими ломтиками. Прибавляют 2 стакана воды, соль по вкусу, 8—10 горошин чёрного перца, 1—2 лавровых листа, немного петрушки, 2—3 зерна гвоздики, после чего рыбу ставят тушить на очень слабый огонь приблизительно на полтора часа. Потом тушёные грибы, морковь, лук вынимают, прибавляют к ним 2—3 мелко нарезанных солёных огурца, 0,5 стакана маслин без косточек, полпучка мелко нарезанной петрушки, две кофейные чашки томата-пюре, несколько ломтиков лимона и наливают процеженный соус (сок из-под рыбы). Приготовленную таким образом смесь подогревают на огне (следите, чтобы она не вскипела). Рыба заливается соусом перед подачей на стол.

Блины

Разведите 20 г дрожжей в стакане молока, добавьте два яичных желтка, два стакана тёплого молока или воды, одну столовую ложку растопленного сливочного масла и 4 стакана муки. Размешайте, поставьте посуду с тестом в тёплое место и подождите, пока тесто поднимется. Затем добавьте ещё 1—2 стакана муки, снова размешайте и дайте тесту подняться второй раз. Сильно разогрейте сковородку, смажьте её маслом. Наливайте тесто тонким слоем. Переворачивать блин удобнее широким ножом или специальной лопаточкой. Блины подаются на стол горячими. Отдельно подайте сметану, сливочное масло, различные виды икры, кислое молоко, повидло, варенье и прочее.

2. **а)** Обратите внимание, что в рецепте приготовления блюда глаголы могут быть употреблены:

1) в форме инфинитива СВ: *разбить яйцо, насыпать муку*;
2) императива СВ: *разбейте яйцо, насыпьте муку*;
3) 1-го лица множественного числа настоящего времени НСВ: *разбиваем яйцо, насыпаем муку*;
4) 3-го лица множественного числа настоящего времени НСВ: *разбивают яйцо, насыпают муку*.

б) Скажите, какие формы представлены в прочитанных вами рецептах русских блюд.

3. Посоветуйте своим друзьям приготовить эти блюда и объясните, как это сделать. Используйте конструкцию «нужно/надо + инфинитив»:

нужно взять муку, надо нарезать свёклу кубиками.

4. Напишите рецепт вашего любимого блюда и расскажите друзьям, как его готовить.

5. Вспомните, какие блюда были на праздничном столе в день рождения Ани. Знаете ли вы, как их приготовить?

V

1. Марина и Аня очень быстро и умело накрыли на стол. Расскажите о том, как они это делали. Используйте слова и выражения:

- ✓ сначала, потом, затем, после этого, одновременно, в то время как, пока, наконец;
- ✓ постелить скатерть, расставить тарелки; разложить вилки, ложки, ножи (разложить приборы); поставить бокалы, рюмки; положить салфетки; принести и расставить закуски; поставить блюдо с пирожками.

2. Когда Ивановы переезжали на новую квартиру, они сложили всю посуду в три больших ящика, на которых написали:

1) кухонная посуда; 2) обеденная посуда; 3) чайная посуда.

Прочитайте список и скажите, какая посуда была в каком ящике:

кастрюля, кофейные чашки, тарелки (глубокие, мелкие), розетки, заварочный чайник, закусочные тарелки, молочник, сахарница, сковородка, вилки, супница, кофейник, гусятница, чайные чашки и блюдца, столовые ложки, десертные ложки, чайные ложки, блюдо для закуски, салатница, ваза для варенья, половник.

кухонная посуда	обеденная посуда	чайная посуда

VI

Вспомните сцену приёма гостей в доме Ивановых.
Составьте и разыграйте диалоги в следующих ситуациях:

а) Вы хозяин (хозяйка), принимаете гостей. Предложите гостям садиться за стол, попробовать блюда.
б) Вы гости. Скажите комплимент хозяйке, похвалите блюда.
в) За столом некоторые блюда стоят далеко от вас. Попросите соседей:
- передать вам бутерброды, соль, хлеб, соус;
- положить вам салат, студень, заливное;
- налить вам вина;
- положить (налить) вам ещё, побольше, поменьше.

VII

1. а) Вспомните и скажите, какие подарки получила Аня на день рождения? Кто их подарил?

б) Как вы думаете, что подарила Ане Мария Ивановна? Конфеты? Книгу? Золотую цепочку? Магнитофон? Настольную лампу?

в) Как вы думаете, какой традиционный подарок привёз Ане из Франции Сергей Николаевич?

г) Вспомните, что подарила Ане Линда? Как вы думаете, почему она сделала именно такие подарки?

д) Как вы думаете, что подарили Ане Ирина Михайловна, Игорь, Курт, Костя и другие гости?

2. а) Подумайте и скажите, какой подарок вы выберете для человека:
1) весёлого, с чувством юмора, с лёгким характером и спортивными увлечениями;
2) педантичного, уравновешенного, спокойного, который увлекается кроссвордами и классической литературой;
3) решительного, целеустремлённого, общительного, с разносторонними интересами;

4) сде́ржанного, немногосло́вного, уме́ющего глубоко́ чу́вствовать, лю́бящего приро́ду;

5) то́нкого, чу́ткого, внима́тельного к лю́дям, кото́рый интересу́ется му́зыкой.

б) Как вы ду́маете, кто из геро́ев «Просто́й исто́рии» соотве́тствует предста́вленным вы́ше ти́пам хара́ктера? Опиши́те хара́ктер ка́ждого геро́я.

в) Вспо́мните, *каки́м Мари́я Ива́новна представля́ет себе́* Ко́стю? Напиши́те, каки́м вы представля́ете себе́ своего́ дру́га, каки́м/како́й вы представля́ете себя́?

VIII

1. Прочита́йте текст, прове́рьте, зна́ете ли вы вы́деленные слова́ и выраже́ния.

Сестра́ Ко́сти Ле́на **за́мужем за** одноку́рсником Ко́лей. Когда́ Ле́на реши́ла **вы́йти за́муж за** Ко́лю, ей бы́ло 18 лет. Когда́ подру́ги Ле́ны узна́ли, что она́ собира́ется **выходи́ть за́муж**, они́ бы́ли о́чень удивлены́. Га́ля, лу́чшая подру́га Ле́ны, спроси́ла: «Ты что, **собира́ешься за́муж**? Заче́м? Ра́зве ты не зна́ешь, что **ра́нние браки** о́чень **непро́чные**? Лю́ди, кото́рые **же́нятся** ра́но, обы́чно ра́но **разво́дятся**». Но Ле́на ничего́ не отвеча́ла, а то́лько улыба́лась. Ве́ра, Ле́нина одноку́рсница, сказа́ла: «Что ты де́лаешь? Нельзя́ выходи́ть за́муж за студе́нта! Он не мо́жет **обеспе́чить свою́ семью́**! Я зна́ю э́то о́чень хорошо́, потому́ что уже́ **разведена́**. Когда́ мой **бы́вший муж**, Андре́й, **де́лал мне предложе́ние**, он обеща́л, что бу́дет рабо́тать. А когда́ он **на мне жени́лся**, он сказа́л, что рабо́тать и учи́ться одновре́менно тру́дно. Я ему́ объясня́ла, что, когда́ челове́к **жена́т**, он до́лжен ду́мать не то́лько о себе́, но... Мы **развели́сь** че́рез три ме́сяца по́сле сва́дьбы». — «Ты **развела́сь со свои́м му́жем** то́лько **из-за де́нег**? — спроси́ла Ле́на. — «Коне́чно, нет», — отве́тила Ве́ра. — «Но мы так ча́сто **ссо́рились**, что не могли́ жить вме́сте». А Та́ня гру́стно доба́вила: «Мой брат то́же **был жена́т на** одноку́рснице, а тепе́рь **разведён**». В отве́т на э́то Ле́на улыбну́лась: «Я наде́юсь, что с на́ми э́того не случи́тся».

Помо́лвка Ле́ны с Ко́лей состоя́лась во вре́мя зи́мних студе́нческих кани́кул, а **пожени́лись** они́ весно́й пе́ред се́ссией. Сейча́с **они́ жена́ты** уже́ год, и Ле́на о́чень **сча́стлива за́мужем**.

2. Скажи́те, что вы ду́маете о ра́нних бра́ках?

3. Как вы ду́маете:

1) Же́нится ли Ко́стя на Мари́не?
2) Вы́йдет ли А́ня за́муж за Ку́рта?
3) Поже́нятся ли Ли́нда и И́горь?
4) Бу́дут ли про́чными их браки́?

4. Как вы понима́ете выраже́ние «про́бный брак»? Существу́ют ли в ва́шей стране́ таки́е браки́, когда́ лю́ди начина́ют жить вме́сте как муж и жена́, но не оформля́ют официа́льно свои́ отноше́ния?

5. Когда́ (в како́м во́зрасте) обы́чно же́нятся лю́ди в ва́шей стране́?

6. Как вы ду́маете, что гла́вное в бра́ке: Любо́вь? Де́ти? Де́ньги? Общие интере́сы? Или что́-нибудь друго́е?

7. Опиши́те свой идеа́л му́жа/жены́.

IX

1. Допо́лните текст глаго́лами из ско́бок, поста́вив их в ну́жной фо́рме.

Прости́те, вы не ска́жете…?

Ли́нда хоте́ла помо́чь Ане гото́вить пра́здничный обе́д. Поэ́тому она́ реши́ла _____ (прийти́) пора́ньше. Ориенти́роваться в Петербу́рге без Ку́рта и Ко́сти ей бы́ло сло́жно, но она́ зна́ла волше́бные слова́, кото́рые всегда́ помо́гут найти́ доро́гу в незнако́мом го́роде. Ли́нда _____ (вы́йти) из гости́ницы и _____ (пойти́) по на́бережной к авто́бусной остано́вке. Когда́ она́ _____ (дойти́) до остано́вки, _____ (подойти́) авто́бус. Ли́нда спроси́ла у люде́й на остано́вке: «Прости́те, вы не ска́жете, этот авто́бус _____ (идти́) до 16-й ли́нии?» — «Нет, э́тот авто́бус _____ (увезти́) вас в другу́ю сто́рону. А ва́ша остано́вка — вон там. _____ (перейти́) у́лицу, _____ (пройти́) вперёд ме́тров пятьдеся́т и сади́тесь на любо́й авто́бус. Они́ все _____ (довезти́) вас до Ма́лого проспе́кта, а там — недалеко́». Ли́нда поблагодари́ла за сове́т, _____ (перейти́) на другу́ю сто́рону, _____ (пройти́) вперёд и уви́дела остано́вку. Авто́бус _____ (прийти́) бы́стро. Ли́нда _____ (войти́) в авто́бус и спроси́ла у пассажи́ров: «Прости́те, вы не ска́жете, когда́ бу́дет остано́вка «16-я ли́ния»?» Пассажи́ры отве́тили: «_____ (прое́хать) три остано́вки, на четвёртой _____ (вы́йти). А пото́м _____ (пройти́) немно́го вперёд». Ли́нда _____ (вы́йти) на четвёртой остано́вке и _____ (пойти́) по 16-й ли́нии. Когда́ Ли́нда _____ (подходи́ть) к до́му Ани, её _____ (обогна́ть) легкова́я маши́на. Маши́на _____ (подъе́хать) к воро́там и останови́лась. Из неё _____ (вы́йти) прия́тный мужчи́на в фо́рме морско́го офице́ра. Ли́нда _____ (подойти́) к нему́ и спроси́ла: «Прости́те, вы не ска́жете, это дом но́мер 24?» — «Абсолю́тно то́чно». — «А вы не ска́жете, где кварти́ра но́мер 18?» — «Не то́лько скажу́, но и покажу́. А вы, наве́рное, _____ (идти́) к Аню́те на день рожде́ния?» — «Да, а как вы узна́ли?» — «…», — отве́тил он.

2. Как вы ду́маете, что отве́тил Ли́нде морско́й офице́р?

3. Скажи́те, как называ́ется текст, кото́рый вы то́лько что прочита́ли. Как вы ду́маете, почему́ он так называ́ется? Каки́е волше́бные слова́ зна́ла Ли́нда? Почему́ э́ти слова́ — волше́бные?

4. Как вы думаете, о чём разговаривали Линда и Сергей Николаевич, пока шли по двору и поднимались на лифте на шестой этаж?

5. Составьте и разыграйте диалоги «На улице», «В транспорте» (спросите прохожих и пассажиров «Как пройти...?», «Как проехать...?» и «Где находится...?»

X

Соедините части предложений.

1) Вторая встреча Кости и Марины произошла...
2) Линда встретилась с Сергеем Николаевичем...
3) Игорь познакомился с Линдой в Лондоне, а снова встретился с ней...
4) На конференции Костя встретил...

... перед домом Ани.
...своего бывшего однокурсника Курта.
...на концерте в филармонии.
... в Петербурге.

XI

1. Дополните предложения данными ниже глаголами в нужной форме.

Глаголы: учить (*что*), выучить (*что*), владеть (*чем*), знать (*что*), учиться (*где, чему*), изучать (*что*).

1) Линда хорошо _____ русский язык. Она _____ его в детстве.

2) Курт прекрасно _____ русским языком. Он _____ его шесть лет, когда _____ в Москве на физическом факультете университета.

3) Аня в школе _____ немецкий язык, а теперь, когда Аня _____ в консерватории, она _____ итальянскому языку, потому что все оперные певцы _____ этот язык.

4) В университете Костя _____ физику, математику, философию и английский язык.

Он полиглот.

2. Как вы ду́маете, каки́ми языка́ми владе́ет Серге́й Никола́евич? Како́й иностра́нный язы́к зна́ет Ко́стя? Владе́ет ли Мари́на иностра́нными языка́ми?

3. Како́й ваш родно́й язы́к? Каки́е иностра́нные языки́ вы зна́ете? Каки́м языко́м вы владе́ете лу́чше всего́? Где вы учи́лись э́тому языку́? Когда́ вы его́ вы́учили? Тру́дно ли для вас изуча́ть иностра́нные языки́?

4. Зада́йте э́ти вопро́сы друг дру́гу.

XII

1. Вы по́мните, что сою́з **что** употребля́ется в предложе́ниях, передаю́щих информа́цию. Сою́з **что́бы** — при выраже́нии це́ли, а та́кже жела́тельности, про́сьбы, рекоменда́ции, сове́та (глаго́л в э́том слу́чае употребля́ется в фо́рме проше́дшего вре́мени). Сравни́те:

Они́ сказа́ли, *что* приду́т по́зже. (сообще́ние информа́ции)

Они́ сказа́ли, *что́бы начина́ли* без них. (про́сьба)

2. Допо́лните фра́зы сою́зами **что** и **что́бы**.

1) Ко́стя встре́тился с А́ней, _____ переда́ть ей посы́лку.
2) Мари́я Ива́новна уве́рена, _____ Ко́стя реши́л жени́ться.
3) Друзья́ встре́тились на вокза́ле, _____ пое́хать в Петерго́ф.
4) Ли́нда в де́тстве вы́учила ру́сский язы́к, _____ разгова́ривать с ру́сским ма́льчиком И́горем.
5) Курт хо́чет, _____ А́ня вы́шла за него́ за́муж.
6) Ко́стя сказа́л, _____ у А́ни прекра́сные друзья́.

3. Измени́те предложе́ния, замени́в прямую́ речь ко́свенной.

О б р а з е ц а): Ли́нда сказа́ла: «Я давно́ зна́ю И́горя» —
*Ли́нда сказа́ла, **что** она́ давно́ зна́ет И́горя.*

О б р а з е ц б): Ири́на Миха́йловна сказа́ла: «А́ня, позвони́ мне в Москву́». —
*Ири́на Миха́йловна сказа́ла, **что́бы** А́ня позвони́ла ей в Москву́.*

О б р а з е ц в): Мари́я Ива́новна спроси́ла Па́вла Петро́вича: «Ты придёшь домо́й до шести́?» —
*Мари́я Ива́новна спроси́ла Па́вла Петро́вича, придёт **ли** он домо́й до шести́.*

1) Мари́я Ива́новна сказа́ла: «Мари́на, отнеси́те студе́нь на стол».
2) Ли́нда попроси́ла И́горя: «Позвони́ мне ве́чером в гости́ницу».
3) Ко́стя спроси́л бра́та: «Ма́ша лю́бит моро́женое?»
4) Серге́й Никола́евич сообщи́л: «Я постара́юсь прие́хать в пя́тницу».
5) Курт посове́товал Ко́сте: «Сде́лай за́втра Мари́не предложе́ние».
6) Ле́на спроси́ла Ма́шу: «Ты ча́сто игра́ешь на компью́тере?»
7) Ма́ша спроси́ла роди́телей: «Вы пое́дете на да́чу в воскресе́нье?»
8) Ири́на Миха́йловна сказа́ла гостя́м: «Сади́тесь за стол».

9) Игорь сказа́л Ли́нде, Ко́сте и Ку́рту: «Мы пока́жем вам Петербу́рг и его́ окре́стности».
10) Друзья́ спроси́ли нас: «Вы пойдёте с на́ми на конце́рт?»

XIII

Допо́лните фра́зы слова́ми **что**, **что́бы**, **когда́**, **кото́рый**, **потому́ что**, **поэ́тому**.

1) Ко́стя пое́хал на вокза́л, _____ купи́ть биле́т в Петербу́рг.
2) Мари́я Ива́новна беспоко́ится, _____ Ко́стя не же́нится никогда́, _____ она́ реши́ла познако́мить его́ с А́ней.
3) Друзья́ узна́ли, _____ Ли́нда учи́лась му́зыке вме́сте с ру́сским ма́льчиком И́горем, _____ она́ вы́учила ру́сский язы́к, _____ с ним разгова́ривать.
4) Ири́на Миха́йловна о́чень удиви́лась, _____ А́ня сказа́ла ей, _____ оди́н молодо́й челове́к сде́лал ей предложе́ние.
5) Серге́й Никола́евич подари́л А́не говоря́щего попуга́я, _____ он привёз из Аме́рики.
6) Ли́нда с удово́льствием помогла́ Мари́и Ива́новне на ку́хне, _____ давно́ хоте́ла научи́ться гото́вить ру́сские блю́да.

XIV

Найди́те синоними́чные предложе́ния.

1) Пока́ А́ня накрыва́ла на стол, Ли́нда пригото́вила сала́т.	1) По́зже ста́ло изве́стно, что А́ня и Мари́на — подру́ги.
2) Ему́ захоте́лось отдохну́ть.	2) Они́ живу́т в те́сной ма́ленькой кварти́ре.
3) По́зже вы́яснилось, что Мари́на — подру́га А́ни.	3) В то вре́мя как А́ня накрыва́ла на стол, Ли́нда пригото́вила сала́т.
4) Что́-то случи́лось.	4) Он захоте́л отдохну́ть.
5) Он говори́л о́чень ти́хо.	5) Друзья́ пошли́ (пое́хали) в го́сти.
6) Похо́же, ско́ро бу́дет дождь.	6) Он говори́л шёпотом.
7) Мне сейча́с не́когда.	7) Что́-то произошло́.
8) Друзья́ отпра́вились в го́сти.	8) Ка́жется, ско́ро бу́дет дождь.
9) Они́ тесня́тся в малогабари́тной кварти́ре.	9) У меня́ сейча́с нет вре́мени.

XV

Допо́лните фра́зы слова́ми **мой** и **свой** в ну́жной фо́рме.

1) Мари́я Ива́новна о́чень лю́бит _____ мла́дшего сы́на.
2) Ко́стя всегда́ плани́рует _____ жизнь.
3) А́ня сказа́ла: «Познако́мьтесь, тётя Ма́ша, э́то Мари́на, _____ лу́чшая подру́га».

4) Сергéй Николáевич не мог не приéхать на день рождéния _____ еди́нственной дóчери.

5) Когдá Ли́нда дари́ла Áне диск и альбóм, онá сказáла: «Вот _____ мáленький подáрок».

6) Курт хотéл бы́стро получи́ть отвéт на _____ предложéние.

XVI

1. Допóлните диалóги.

О б р а з е ц: — Игорь подари́л Áне **чтó-нибудь**?
— *Да, он чтó-то подари́л, но я не знáю, что.*

1) — _____?
— Да, ктó-то пришёл, но я не знáю, кто.

2) — У вас нет какóй-нибудь кни́ги на немéцком языкé?
— _____.

3) — Áня чтó-нибудь купи́ла к чáю?
— _____.

4) — _____?
— Да, я чтó-то гдé-то читáла об э́том, но не пóмню что и где.

2. ОБРАТИ́ТЕ ВНИМÁНИЕ, что слóво *когдá-то* знáчит «óчень давнó»:
Ли́нда когдá-то учи́лась игрáть на скри́пке.

XVII

1. Найди́те в тéксте и вы́пишите отвéты на вопрóсы:

1) Что сказáла Áня Ири́не Михáйловне по телефóну?
2) Как Игорь объясни́л, почемý у негó счастли́вый вид?
3) Что отвéтила Áня на извинéние Кýрта и Кóсти?
4) Что сказáла Ири́на Михáйловна, когдá узнáла, что Áня и Мари́на купи́ли всё, что нýжно для прáздничного столá?
5) Что пожелáла Ли́нда Áне?
6) Что отвéтила Мари́я Ивáновна, когдá Ири́на Михáйловна спроси́ла её: «Почемý ты увéрена, что Кóстя реши́л жени́ться?»
7) Что отвéтила Áня на вопрóс Кýрта, котóрый он задáл ей за прáздничным столóм?

2. Передáйте смысл запи́санных вáми фраз други́ми словáми.

О б р а з é ц: Áня сказáла: «Оди́н молодóй человéк сдéлал мне предложéние». — *Áня сказáла: «Оди́н молодóй человéк предложи́л мне вы́йти за негó зáмуж».*

XVIII

Вы обратили внимание, что герои «Простой истории» говорят живым разговорным языком. Для русской разговорной речи характерны некоторые особенности:

1) Пропуск слов, которые легко восстанавливаются по контексту, например: *Вот будет твоим зятем — увидишь!* (*Вот когда он будет твоим зятем, ты увидишь*); *Уже гости?* (*Уже пришли гости?*)
2) Употребление большого количества междометий — слов, которые:
- выражают чувства, но не называют их: О! Слава богу! Увы! Ах! Чёрт!
- заполняют паузу обдумывания: Ну... Ну вот... Это... Вот... М-м-м...
- помогают человеку вести диалог; например, перед ответом на вопрос, требующий размышления, употребляются междометия: Да... Да вот... Ну...

XIX

 1. Разделите фразы из текста на группы: **просьба**, **вопрос**, **предложение**, **согласие**, **возражение**. Если вам трудно определить точное значение фразы, прочитайте её в контексте (см. часть 6 «Простой истории»).
Впишите номера предложений в таблицу.

Просьба	Вопрос	Предложение	Согласие	Возражение

1) Линда, ты не поможешь маме на кухне?
2) Первый тост предлагаю за именинницу!
3) Как? Мой сын будет жить в другом городе?
4) Как ты себя представляешь в роли Костиной тёщи?
5) Вы не дадите хлеба?
6) Как же иначе?
7) Почему ты уверена, что Костя решил жениться?
8) Ну почему необыкновенное?
9) Вам положить заливное?
10) Ты собираешься замуж?
11) Ну ладно.
12) Угощайтесь.
13) Что ты, Ира, ты его не знаешь!
14) Линда, нужно украсить салат.
15) Раздевайтесь, проходите.
16) Ирочка, ты не порежешь помидоры?

17) Серёжа, ты знаешь новость?
18) Марина, отнесите студень и хрен на стол.
19) Какой Курт?
20) Игорь, не поможете мне передвинуть диван?

2. Найдите в тексте, что сказала Линда и что сказал Игорь в ответ на просьбы помочь при подготовке ко дню рождения. Поняли ли вы, что в ответе Игоря есть элемент иронии, так как он в обыденной ситуации употребил выражение высокого стиля?

XX

1. Выпишите из текста все формы приветствия. Какие ещё формы приветствия вы знаете? По отношению к кому их можно употребить и в каких ситуациях?

2. Какими жестами сопровождается приветствие? Принято ли в вашей стране, чтобы мужчина при встрече целовал женщину (девушку), но не родственницу? Возможно ли это в ситуации, когда он поздравляет её с днём рождения?

XXI

1. Вспомните и скажите, как Аня знакомит Марину с Марией Ивановной.

2. Подумайте и скажите:

а) как Аня знакомила Линду с Ириной Михайловной и Марией Ивановной;
б) как Аня представила родителям и гостям Костю и Курта.

3. Вспомните, что говорят люди, когда они знакомятся без посредника. (При затруднении обратитесь к материалам части 3 «Простой истории».)

4. Разыграйте сцену знакомства Линды и Сергея Николаевича.

XXII

1. Наверное, вы обратили внимание на то, что в различных ситуациях герои «Простой истории» обращаются друг к другу по-разному.

а) Как обращается Мария Ивановна к Ирине Михайловне?
б) Как обращаются Игорь и Курт к Ирине Михайловне и Сергею Николаевичу?

2. Знаете ли вы, что у русских людей существует: имя-отчество, полное имя, краткое имя и ласкательное имя? Как вы думаете, в каких ситуациях они используются?

3. Как вы думаете, почему Аня называет Марию Ивановну **тётя Маша**, хотя они не родственники (при затруднении см. материалы части 1 «Простой истории»)?

4. Сергей Николаевич использует обращение **милые дамы**. Это обращение вежливое, но устаревшее, звучит с оттенком шутливой галантности.

XXIII

1. Какими словами Аню поздравляют с днём рождения? Как она отвечает на поздравления?

2. Какими словами вы поздравили бы Аню с днём рождения?

3. С чем ещё поздравляет Аню Игорь? С чем Игорь поздравляет её родителей?

4. Поняли ли вы, что фраза *С приездом!* является своеобразным поздравлением?

5. С чем ещё можно поздравить человека?

XXIV

1. Чего пожелали Ане друзья?

2. В каких ситуациях можно пожелать: *Счастливого пути! Приятного аппетита! Будьте здоровы! Будьте счастливы! Совет да любовь!*

3. Какие ещё пожелания вы знаете?

4. Что бы вы пожелали Ане в день рождения? В день свадьбы Ане и Курту? Косте и Марине? Линде и Игорю?

XXV

1. Какие тосты звучали за праздничным столом? Знаете ли вы, что первые два тоста являются традиционными в день рождения в русском обществе?

2. Какие ещё тосты вы знаете? (При затруднении см. материалы части 5 «Простой истории».)

3. Как вы думаете, какие тосты предложили Линда, Марина и Мария Ивановна?

4. Прочитайте тосты (при необходимости пользуйтесь словарём) и скажите, кто из героев «Простой истории» мог бы, по вашему мнению, его произнести.

1) Я хочу поднять тост за самую возвышенную, как сказал Гейне, и победоносную из всех страстей! За любовь!

2) «Разлука ослабляет мелкие страсти и усиливает большие так же, как ветер задувает свечи и раздувает пламя», — сказал французский мыслитель Ларошфуко. Так давайте выпьем за пламя любви и ветер обстоятельств!

3) Заспорили три человека о том, что такое любовь.

Один сказал:

Любовь — это цветок, вырастающий из случайно обронённого ветром в благодатную почву семечка, красиво распускающийся. Но очень быстро увядающий и нестойкий к превратностям климата...

Второй сказал:

Любовь — это напиток, который ты сам наливаешь себе в бокал и можешь жадно выпить большими глотками. А можешь, долго пить его смакуя, маленькими глотками... но всё равно неизбежно в какой-то момент увидишь дно бокала.

А третий сказал:

Любовь — это любовь: она случайна и закономерна, она сиюсекундна и вечна...

И все поразились красоте и мудрости его слов.

Давайте и мы поднимем бокалы за любовь!

4) Давайте выпьем за всех тех, кого мы любили, и тех, кто любил нас! Потому что на самом деле любовь не проходит, она всегда остаётся с нами, делая нас богаче, тоньше, нежнее и сильнее... За любовь!

XXVI

1. За столом гости выражают восторг. Выразите свой восторг, используя слова: **какой, какая, как, замечательный, удивительный, прекрасный, вкусно, красиво, интересно.**

2. Как вы думаете, можно ли выразить восторг без слов? Есть ли в тексте подобные примеры?

XXVII

1. Найдите в тексте 10 комплиментов. Кто и кому их говорит?

2. Любите ли вы, когда вам говорят комплименты? Какой комплимент вам бы хотелось услышать в свой адрес?

3. Любите ли вы говорить комплименты? Скажите комплименты каждому из своих друзей.

XXVIII

Вы прочитали, как Костя сделал предложение Марине. Как вы думаете:

1) Когда и как Курт сделал Ане предложение?
2) Сделал ли Игорь предложение Линде? Где и когда?

XXIX

1. Многие истории кончаются свадьбой. «Простая история» не исключение. Мы расстаёмся с её героями в тот момент, когда они планируют создать три новые семьи. Как вы думаете, осуществятся ли их планы? Как и где они будут жить дальше? Что произойдёт в их жизни?

2. Напишите свой вариант продолжения «Простой истории».

Дорогие друзья! Вот и закончилась наша «Простая история». Если вас заинтересовали приключения её героев, может быть, позже мы расскажем вам, что случилось с ними потом. Но это будет уже другая история. А пока наши герои прощаются с вами.

КЛЮЧИ

I. 1. ? В русском алфавите 33 буквы.

V. 2. Кухонная посуда: кастрюля, сковородка, гусятница, половник. **Обеденная посуда:** тарелки (глубокие, мелкие), закусочные тарелки, вилки, супница, суповые ложки, десертные ложки, блюдо для закуски, салатница. **Чайная посуда:** кофейные чашки, розетки, заварочный чайник, молочник, сахарница, кофейник, чайные ложки, ваза для варенья, чайные чашки и блюдца.

IX. 1. прийти́; вы́шла, пошла́; дошла́, подошёл; идёт; увезёт; перейди́те, пройди́те; довезу́т; перешла́, прошла́; пришёл; вошла́; прое́дете, вы́йдете; пройдёте; вы́шла, пошла́; подходи́ла, обогнала́; подъе́хала; вы́шел; подошла́; идёте.

XI. 1. 1) зна́ет, вы́учила; 2) владе́ет, изуча́л, учи́лся; 3) изуча́ла, у́чится, у́чится, изуча́ют; 4) изуча́л.

XII. 2. 1) что́бы; 2) что; 3) что́бы; 4) что́бы; 5) что́бы; 6) что.

XII. 3. 1) Мари́я Ива́новна сказа́ла, что́бы Мари́на отнесла́ сту́день на стол. 2) Ли́нда попроси́ла Игоря, что́бы он позвони́л ей ве́чером в гости́ницу. 3) Ко́стя спроси́л у бра́та, любит ли Ма́ша моро́женое. 4) Серге́й Никола́евич сообщи́л, что он постара́ется прие́хать в пя́тницу. 5) Курт посове́товал Ко́сте, что́бы он сде́лал Мари́не предложе́ние за́втра. 6) Ле́на спроси́ла у Ма́ши, ча́сто ли она́ игра́ет на компью́тере. 7) Ма́ша спроси́ла у роди́телей, пое́дут ли они́ в воскресе́нье на да́чу. 8) Ири́на Миха́йловна сказа́ла гостя́м, что́бы они́ сади́лись за стол. 9) Игорь сказа́л Ли́нде, Ко́сте и Ку́рту, что они́ (Игорь, Аня и Мари́на) пока́жут им Петербу́рг и его́ окре́стности. 10) Друзья́ спроси́ли нас, пойдём ли мы с ни́ми на конце́рт.

XIII. 1) что́бы; 2) что, поэ́тому; 3) что, поэ́тому, что́бы; 4) когда́, что; 5) кото́рого; 6) потому́ что.

XV. 1) своего́; 2) свою́; 3) моя́; 4) свое́й; 5) мой; 6) своё.

XIX. 1. Про́сьба: 1, 5, 14, 16, 18, 20; Вопро́с: 4, 7, 10, 17, 19; Предложе́ние: 2, 9, 12, 15; Согла́сие: 6, 11; Возраже́ние: 3, 8, 13.

Учебное издание

Наталия Борисовна БИТЕХТИНА
Людмила Вадимовна ФРОЛКИНА

ПРОСТАЯ ИСТОРИЯ

Пособие по развитию речи для иностранцев,
изучающих русский язык

Редактор: *М.А. Кастрикина*
Корректор: *Е.Е. Морозова*
Компьютерная вёрстка: *А.С. Пирогов*
Художник: *А.С. Левин*

Гигиенический сертификат 77.99.02.953.Д.000603.02.04 от 03.02.04

Формат 84 × 108/16. Объём 8 п.л. Тираж 2000 экз.
Подписано в печать 12.09.08. Заказ 2268

ЗАО «Русский язык» Курсы
125047, Москва, 1-я Тверская-Ямская ул., д. 18
Тел./факс: (495) 251-08-45; тел.: (495) 250-48-68
E-mail: kursy@online.ru; ruskursy@gmail.com
www.rus-lang.ru

Отпечатано в ОАО «Щербинская типография»
117623, г. Москва, ул. Типографская, д. 10
Тел.: 659-23-27

И.И. Гадалина

ВЕСЁЛЫЕ ИСТОРИИ В КАРТИНКАХ

Учебное пособие по речевой практике

«Весёлые истории в картинках» — учебное пособие по речевой практике, предназначенное для студентов, слушателей, изучающих русский язык как иностранный или неродной. Основная цель пособия — развитие умений устной речи, а также закрепление (упрочение) морфолого-синтаксических и лексических навыков. Данное пособие может быть дополнением к любому учебнику русского языка. Оно рассчитано на учащихся, достигших базового и I сертификационного уровней владения русским языком.

В процессе работы по данному пособию учащиеся активизируют основные значения падежей в именной системе существительных, прилагательных, местоимений, а самое главное — глагольный массив в максимальном проявлении значений, форм русского глагола.

В пособии даны 28 серий картинок, сопровождающихся текстом. Каждая серия картинок является визуальной опорой, которая способствует активизации речевых действий.

О.В. Чагина

ПОГОВОРИМ О СЕБЕ

Пособие по развитию речи для иностранных учащихся

Пособие предназначено для иностранных учащихся продвинутого этапа обучения. Цель пособия — развить навыки устной речи на материале художественных, публицистических и научно-популярных текстов, активизировать и совершенствовать знания по русскому языку. Пособие имеет практический характер и содержит систему грамматических упражнений и речевых заданий.

**ПО ВОПРОСАМ ПРИОБРЕТЕНИЯ КНИГ
ОБРАЩАТЬСЯ ПО АДРЕСУ:**

125047, Москва, 1-я Тверская-Ямская ул., д. 18
(ст. метро «Маяковская» или «Белорусская»)
Тел./факс: (495) 251-08-45, тел.: (495) 250-48-68
e-mail: kursy@online.ru; ruskursy@gmail.com
www.rus-lang.ru